Cuba y la REVOLUCION NORTEAMERICANA QUE VIENE

También por Jack Barnes

LIBROS Y FOLLETOS

Ya superamos el punto más bajo de la resistencia del pueblo trabajador: El Partido Socialista de los Trabajadores mira hacia adelante (2022)

El viraje a la industria: Forjando un partido proletario (2020)

El historial antiobrero de los Clinton (2016)

¿Son ricos porque son inteligentes? Clase, privilegio y aprendizaje en el capitalismo (2016)

Malcolm X, la liberación de los negros y el camino al poder obrero (2009)

Su Trotsky y el nuestro (2002)

La clase trabajadora y la transformación de la educación (2000)

El desorden mundial del capitalismo (2000)

Malcolm X habla a la juventud (2002)

DE LAS PÁGINAS DE 'NUEVA INTERNACIONAL'

Ha comenzado el invierno largo y caliente del capitalismo (2005)

Nuestra política empieza con el mundo (2005)

El imperialismo norteamericano ha perdido la Guerra Fría (1999)

Los cañonazos iniciales de la tercera guerra mundial (1991)

La política de la economía: Che Guevara y la continuidad marxista (1991)

COLECCIONES Y INTRODUCCIONES

Los tribunos del pueblo y los sindicatos (2019)

Rebelión Teamster / Dobbs (2004)

La historia del trotskismo americano / Cannon (2002)

La huelga contra la aerolínea Eastern / E. Mailhot (1991)

El juicio contra el FBI (1988)

Cuba y la REVOLUCION NORTEAMERICANA QUE VIENE

Jack Barnes

PATHFINDER

Nueva York   Londres   Montreal   Sydney

Edición: Steve Clark y Mary-Alice Waters

Copyright © 2001, 2007 por Pathfinder Press
All rights reserved. Derechos reservados conforme la ley.

ISBN 978-0-87348-993-5
Número de Control de la Biblioteca del Congreso (Library of Congress Control Number) 2007937820

Impreso y hecho en Estados Unidos de América
Manufactured in the United States of America

Primera edición, 2001
Segunda edición, 2007
Undécima impresión, 2024

DISEÑO DE LA PORTADA: Eva Braiman

PORTADA: Hans Hofmann, *Fantasía*, 1943, óleo, pintura duco y caseína en plywood, 51½″ x 36⅝″, Universidad de California, Museo del Arte de Berkeley; obsequio del pintor. Fotografiado para el Museo del Arte de UC Berkeley por Benjamin Blackwell.

Pathfinder
www.pathfinderpress.com
Correo electrónico: pathfinder@pathfinderpress.com

A Gerardo, Ramón, Antonio, Fernando y René

Cinco productos ejemplares de la Revolución Cubana quienes hoy día, si bien contra su voluntad, sirven con honor en las primeras filas de la lucha de clases en Estados Unidos.

2007

Contenido

Sobre el autor   9

PROLOGO
    por Mary-Alice Waters   13

1961: AÑO DE LA EDUCACION
    por Jack Barnes   25

'PRIMERO SE VERA UNA REVOLUCION VICTORIOSA EN LOS ESTADOS UNIDOS, QUE UNA CONTRARREVOLUCION VICTORIOSA EN CUBA'
    por Jack Barnes   57

POSTFACIO: LA REVOLUCION CUBANA NO ESTABA SOLA
    por Mary-Alice Waters   117

Indice   127

Sobre el autor

Jack Barnes ha sido secretario nacional del Partido Socialista de los Trabajadores (PST) desde 1972.

Desde mediados de los 70 ha dirigido los esfuerzos continuos, en Estados Unidos y junto a otros a nivel mundial, de construir partidos que son proletarios en su composición y programa, la mayoría de cuyos miembros y dirigentes son obreros industriales, sindicalistas y parte de la vanguardia proletaria en desarrollo en industrias como la de la carne, la minería y la costura. Es en esas industrias que la acelerada ofensiva capitalista contra la clase trabajadora, que lleva varias décadas, genera hoy la mayor resistencia por parte de una fuerza laboral que es más y más internacional en su composición y liderazgo.

Esta trayectoria política y continuidad histórica se recogen en numerosos discursos y escritos de Barnes, publicados como *El rostro cambiante de la política en Estados Unidos*, *El desorden mundial del capitalismo* y, más recientemente, "Ha comenzado el invierno largo y caliente del capitalismo", "Su transformación y la nuestra" y "Nuestra política empieza con el mundo".

Uno de los organizadores del Comité Pro Trato Justo a Cuba y de acciones en defensa de los derechos de los negros, Barnes se afilió a la Alianza de la Juventud Socialista en 1960 y al Partido Socialista de los Trabajadores en 1961. *Cuba y la revolución norteamericana que viene* relata el punto decisivo que el triunfo de la Revolución Cubana señaló para los revolucionarios en Estados Unidos.

Barnes organizó la exitosa campaña de cuatro años para defender a tres miembros de la AJS en Bloomington, Indiana, acusados en mayo de 1963 de "congregarse" durante la crisis "de los misiles" en octubre de 1962 para propugnar el derrocamiento del Estado de Indiana por la fuerza y la violencia. En 1965 fue electo presidente nacional de la Alianza de la Juventud Socialista y pasó a ser director del trabajo del PST y de la AJS en el creciente movimiento contra la guerra de Vietnam. Es miembro del Comité Nacional del Partido Socialista de los Trabajadores desde 1963 y es oficial nacional del partido desde 1969. Durante todo este tiempo ha asumido importantes responsabilidades en la labor internacional del partido.

Barnes ha sido editor contribuyente de la revista *Nueva Internacional* desde su primera edición en 1983. Es autor de numerosos libros, folletos y artículos, algunos de los cuales figuran en la lista que aparece al frente del libro.

■

Mary-Alice Waters, quien escribió el prólogo y postfacio de ambas ediciones de este libro y fue partícipe activa de muchos de los sucesos que describe el autor, es directora de *Nueva Internacional* y presidenta de la editorial Pathfinder. Es miembro del Partido Socialista de los Trabajadores desde 1964 y del Comité Nacional del PST desde 1967; ha asumido importantes responsabilidades en el trabajo internacional del partido. Tras unirse a la Alianza de la Juventud Socialista en 1962, fue directora del *Young Socialist* (1966–67) y secretaria nacional y luego presidenta nacional de la AJS (1967–68). Desde 1969 hasta principios de los 70, Waters fue directora del semanario el *Militant*.

SOBRE EL AUTOR

Waters es la autora, entre otros títulos, de *Pathfinder nació con la Revolución de Octubre, Che Guevara y la realidad imperialista* y *Marxismo y feminismo*. Ha editado y contribuido a numerosos libros y folletos de Pathfinder, entre ellos: *Rosa Luxemburg Speaks* (Habla Rosa Luxemburgo); *El rostro cambiante de la política en Estados Unidos; El desorden mundial del capitalismo; Los cosméticos, las modas y la explotación de la mujer;* y una serie que ahora comprende 18 títulos sobre la Revolución Cubana y su lugar en la política mundial.

Prólogo

La victoria del pueblo trabajador cubano en Playa Girón desbarató el mito de la invencibilidad del imperialismo estadounidense. Nos infundió la convicción de que la Revolución Cubana sería parte integral de la lucha de clases dentro de Estados Unidos mientras la clase trabajadora estuviera en el poder en Cuba. Estábamos seguros de que así sería por el resto de nuestras vidas. Y lo ha sido.

> JACK BARNES
> Marzo de 2001
> *Playa Girón/Bahía de Cochinos*

EN MENOS DE 72 HORAS DE COMBATE en abril de 1961, a lo largo de la costa sur de Cuba cerca de Bahía de Cochinos, la Fuerza Aérea Revolucionaria, las milicias, la policía y el Ejército Rebelde de Cuba derrotaron una invasión de unos 1 500 contrarrevolucionarios a quienes Washington había financiado, armado, entrenado, dado el guión y desplegado. Esta victoria contundente, la primera derrota militar del imperialismo yanqui en el continente americano, tuvo repercusiones por todo el mundo, sobre todo dentro de Estados Unidos mismo.

Jack Barnes toma ese momento histórico como el punto de partida en *Cuba y la revolución norteamericana que viene*. Fue el momento en que Cuba dejó de parecer como otra posible víctima latinoamericana más del imperio más poderoso de la historia, y surgió como su igual. "Para nosotros, lo que los trabajadores y campesinos cubanos habían conquistado", escribe Barnes, "constituía en nuestra propia vida política el ejemplo de la necesidad y la posibilidad de la revolución, no solo de cómo luchar sino de cómo luchar para vencer, de la capacidad de los seres humanos comunes y corrientes para transformarse a la vez que enfrentan desafíos y asumen responsabilidades que antes habrían considerado imposibles".

No obstante, *Cuba y la revolución norteamericana que viene* no es primordialmente un libro sobre Cuba. Ante todo, trata sobre las luchas del pueblo trabajador con conciencia de clase en el corazón del imperialismo, sobre los jóvenes que se ven atraídos a estas luchas, y por qué el curso de las batallas de clases que hoy día se aceleran aquí está y seguirá estando inextricablemente entrelazado con la defensa de las conquistas del pueblo cubano.

"El principal obstáculo a la marcha histórica de los trabajadores y agricultores", señala el autor en estas páginas, "es la tendencia, promovida y perpetuada por las clases explotadoras, del pueblo trabajador a subestimarnos, a subestimar lo que podemos lograr, a dudar de nuestra propia valía". Los trabajadores y agricultores de Cuba nos mostraron que con la solidaridad de clase, conciencia política, coraje, esfuerzos concentrados y persistentes de educación, y un liderazgo revolucionario de la talla del de Cuba —un liderazgo probado y forjado en la batalla a través de los años— es posible hacer frente a un poderío enorme y a probabilidades aparentemente insuperables *y vencer*.

Fue esa la lección que una vanguardia de jóvenes en Estados Unidos interiorizó a comienzos de los 60, ayudados, alentados y educados por veteranos trabajadores y agricultores del Partido Socialista de los Trabajadores. Su historia se narra aquí en "1961: Año de la Educación". Este se publicó originalmente como prólogo a *Playa Girón/Bahía de Cochinos: Primera derrota militar de Washington en América,* una colección de discursos, documentos y testimonio del presidente cubano Fidel Castro y el vicepresidente José Ramón Fernández, publicado por la editorial Pathfinder a comienzos de 2001 para conmemorar el 40 aniversario de la victoria en Playa Girón.

En "1961: Año de la Educación" Jack Barnes describe el impacto que tuvieron los primeros años de la Revolución Cubana en jóvenes en Estados Unidos que ya se iban radicalizando por su participación en la lucha de masas y de base proletaria —una lucha que avanzaba— para derrocar al sistema de segregación "Jim Crow" en el Sur de Estados Unidos (que servía de modelo para la institución sudafricana del apartheid) y para echar atrás otras formas de discriminación racial hondamente arraigadas por todo el país. El relata la labor de los estudiantes que establecieron un capítulo universitario del Comité Pro Trato Justo a Cuba en el recinto de Carleton College en Minnesota en los escasos meses decisivos que culminaron con la victoria del 19 de abril en Playa Girón, un comité que al calor de los sucesos llegó a ser por un período breve el capítulo universitario más grande del país. Describe las lecciones de lucha de clases que los jóvenes aprendieron al vivir estas experiencias y relata cómo empezaron a desarrollar la Alianza de la Juventud Socialista en el curso de este trabajo.

El segundo capítulo de *Cuba y la revolución norteamericana que viene*, "Primero se verá una revolución victoriosa en los Estados Unidos, que una contrarrevolución victoriosa en Cuba", se basa en charlas que Barnes dio en Nueva York y Seattle en marzo de 2001 en eventos para presentar *Playa Girón/Bahía de Cochinos*, que acababa de imprimirse apenas unos días antes, y celebrar el 40 aniversario de aquella victoria revolucionaria. El público en ambas actividades abarcaba las generaciones desde los que ya eran partidarios activos de la Revolución Cubana al momento de Bahía de Cochinos hasta los jóvenes socialistas que solo entonces hacían suyo este capítulo de la historia. Entre los 450 participantes en estos encuentros había decenas de voluntarios de un extremo del país al otro cuya labor había hecho posible la producción de este libro con calidad en tiempo récord.

Playa Girón/Bahía de Cochinos, publicado en español y en inglés, se presentó en una conferencia celebrada del 22 al 24 de marzo en La Habana sobre el tema "Girón: 40 años después", donde los anfitriones cubanos brindaron a cada participante un ejemplar del libro. Durante ese encuentro los dirigentes políticos y militares de Cuba revolucionaria bajo cuya mano se había conquistado la victoria, entre ellos el comandante en jefe Fidel Castro, se sumaron al debate de los sucesos ocurridos cuatro décadas atrás con una delegación norteamericana, algunos de cuyos miembros habían combatido como parte de la Brigada 2506 —entrenada y financiada por Washington—, habían ayudado a preparar los planes de invasión de la CIA o habían actuado como apologistas y asesores de la administración del presidente John F. Kennedy.

■

Casi 50 años después de la victoria revolucionaria que derrocó a la dictadura militar respaldada por Washington de Fulgencio Batista el 1 de enero de 1959, la clase dominante estadounidense sigue tan comprometida con la necesidad de derrocar a la Revolución Cubana como lo estuvo cuando los trabajadores y agricultores de Cuba y los jóvenes atraídos a sus luchas, dirigidos por el Movimiento 26 de Julio y su Ejército Rebelde, con su lucha se abrieron paso en la historia y comenzaron a tomar control de su propio destino. Las razones no son difíciles de entender, y tienen que ver completamente con el tema de este libro.

Desde la perspectiva de clase de los gobernantes estadounidenses, jamás hubo nada irracional en su odio a la reforma agraria radical, la campaña masiva para eliminar el analfabetismo, la nacionalización de la vivienda y reducción de los alquileres, la prohibición de la discriminación racial, la nacionalización de las industrias básicas, la incorporación de la mujer a la fuerza laboral en gran escala, el establecimiento de una milicia popular y otras acciones que llevaron a cabo el pueblo cubano y su gobierno revolucionario. La política de Washington hacia la Revolución Cubana tampoco se basaba en preocupaciones de "seguridad nacional" o en los conflictos estratégicos de la "Guerra Fría".

La trayectoria del pueblo trabajador cubano era sencillamente un desafío insoportable a los "derechos" de propiedad que daban por sentados las familias dominantes estadounidenses, las cuales temían que el ejemplo ofrecido por la primera revolución socialista en América se emularía en otras partes de nuestro hemisferio. Lo que impulsa a Washington no es solo "el miedo a la Revolución Cubana", como proclamó la Segunda Declaración de La Habana en febrero de 1962, sino el miedo a la revolución latinoamericana. "El miedo a que los pueblos saqueados del continente arrebaten las armas a sus opresores y se declaren, como Cuba, pueblos libres de América".

Desde que se publicó la primera edición de *Cuba y la revolución norteamericana que viene* hace seis años y medio, las guerras que se van expandiendo, las crisis económicas y financieras apenas contenidas a nivel nacional e internacional y los conflictos de clases más y más agudos que han sacudido la confianza de los gobernantes estadounidenses poco han hecho para disminuir esos temores.

Todas las tendencias políticas y económicas que señala Jack Barnes en estas páginas no han hecho más que acelerarse y ahondarse. Los márgenes de ganancias de los empleadores dependen aún más de medidas para "recortar los salarios reales y las prestaciones, acelerar la producción, prolongar la semana laboral, aumentar los trabajos temporales y de media jornada, y reducir los programas de seguro social financiados por el gobierno". El ascenso en el ciclo comercial posterior a 2001 tras el colapso de la "exuberancia irracional" de los años 90 fue, como el anterior, producto no de un aumento acelerado de inversiones capitales en la capacidad para expandir la producción sino de "acumular una enorme montaña de deuda y una gigantesca burbuja especulativa de 'instrumentos de deuda' derivativos". "Fusiones multimillonarias que aumentan de forma sustancial la concentración de capital" continúan elevando los índices de las bolsas de valores a medida que el peso de las deudas aumenta a niveles jamás alcanzados en la historia del capital financiero.

"La vulnerabilidad del capitalismo mundial a las sacudidas repentinas y desestabilizadoras" que se señaló en estas páginas se ve confirmada nuevamente por las consecuencias —que aún se propagan— del inevitable colapso del afán de los gigantes financieros norteamericanos en años recientes de imponer fardos reempaquetados de "hipotecas *subprime*" (de alto riesgo) a bancos en Europa oriental y el mundo semicolonial y a otros compradores dentro y fuera del país... como si el riesgo de incumplimiento hubiese dejado de ser un factor. La miseria que este colapso ha de traer a decenas y decenas de miles de familias obreras que pierdan sus hogares, por supuesto, no inquieta a los capitalistas, como tampoco les preocupa la "catástrofe en barrena" que cientos de millones de trabajadores y campesinos en Africa, Latinoamérica y Asia han estado viviendo por casi dos décadas.

Todas las principales tendencias en la evolución del capitalismo mundial que se plantean en este libro, así como la trayectoria interrelacionada de la política exterior, militar e interior del imperialismo norteamericano ya iban bien avanzadas antes de que se publicara la primera edición en la primavera de 2001. Eso fue casi seis meses antes de que la nueva administración norteamericana de George W. Bush aprovechara el ataque del 11 de septiembre de 2001 contra las Torres Gemelas y el Pentágono como justificación para anunciar lo que la clase dominante norteamericana hoy día llama su "guerra global contra el terrorismo". Los cimientos para el curso que se aceleró con el ataque imperialista combinado contra Afganistán en octubre de 2001 y la invasión y ocupación de Iraq dirigida por Washington en marzo de 2003 —incluidos el fortalecimiento de las agencias federales de policía y de espionaje, las arremetidas contra los derechos políticos y la aplicación de la política estatal establecida desde hace mucho sobre el "cambio de régimen"— habían sido edificados cuidadosamente durante los años previos por los gobernantes estadounidenses bajo administraciones y mayorías del Congreso tanto republicanas como demócratas.

Ese curso está definido ante todo por los preparativos de la clase dominante estadounidense para enfrentar lo que ellos también saben que es inevitable: la creciente resistencia de la clase trabajadora y otros productores explotados en Estados Unidos y en el mundo a medida que entramos a lo que serán décadas de conflicto interimperialista más y más agudo, convulsiones económicas, financieras y sociales, y batallas de clases.

Conforme se ahondan y se propagan esas presiones explosivas —producto de cómo funciona el capitalismo, y no de cómo a veces no funciona— se acelera también otra transformación histórica.

En su búsqueda incesante de mano de obra cada vez más barata, el capital financiero estadounidense está atrayendo a sus fábricas, campos y minas a crecientes millones de trabajadores desde más allá de sus fronteras. Estos vienen primero y sobre todo de México, como de otras partes de América, pero también en números rápidamente crecientes desde Asia, Africa, y Europa oriental y Rusia. Obligados a abandonar sus tierras nativas por el azote de la necesidad económica, traen consigo sus propias experiencias de lucha de clases y combatividad, ampliando el horizonte político y cultural del pueblo trabajador en su conjunto en Estados Unidos.

Es de esta clase trabajadora enriquecida y cada vez más diversa que hoy día empieza a surgir una nueva vanguardia política en luchas impulsadas por las necesidades más fundamentales del pueblo trabajador: la necesidad de aunar fuerzas para proteger la vida, la salud y la naturaleza del inexorable afán de ganancias que define cada medida que toman los patrones. No hay ejemplo más patente de esto que los torrentes de millones de trabajadores y sus familias, inmigrantes y nacidos en Estados Unidos, quienes en 2006 y 2007 se volcaron a las calles de ciudades y pueblos por todo el continente para exigir la legalización de los trabajadores inmigrantes a medida que comenzaron a restituir el Primero de Mayo en este país a sus raíces obreras. "El movimiento proletario en Estados Unidos", señala Jack Barnes, está empezando a transformarse "en algo que cada vez más se puede reconocer como la vanguardia de masas de la clase que va a derrocar al capitalismo".

■

Es este el mundo en el cual el ejemplo sentado por el pueblo de Cuba sigue siendo tan importante como lo fue el día que tomó el poder, demostrando en la práctica lo que se requiere para librarse del yugo de la explotación imperialista y para defender esas conquistas. La explicación de esa verdad a trabajadores y agricultores en Estados Unidos, a medida que ellos se ven impelidos a luchas que les hacen repensar —de formas bastante inesperadas— muchos prejuicios que habían tenido por mucho tiempo, no es simplemente un acto de solidaridad obrera, por importante que eso sea. Es una necesidad proletaria, esencial para la educación y transformación política internacionalista de la propia clase trabajadora. Como dice orgullosamente el pueblo cubano de su ayuda a los pueblos de Africa, Latinoamérica, el Caribe y otras partes del mundo, "Quien no esté dispuesto a combatir por la libertad de los demás, no estaría jamás dispuesto a combatir por su propia libertad".

Poco antes de que *Cuba y la revolución norteamericana que viene* se publicara en 2001, Colin Powell, el nuevo secretario de estado, explicó la postura intransigente de Washington hacia el gobierno revolucionario de Cuba. Lo hizo con más exactitud de lo que quizás fuera su intención. Al testificar el 26 de abril de 2001 ante un comité del Congreso, contestó la pregunta de por qué el gobierno estadounidense rehúsa cambiar la política que por décadas ha mantenido hacia Cuba. Powell respondió que en China, Rusia y Vietnam "uno puede ver dirigentes a quienes el mundo está cambiando". Pero en Cuba, dijo, Castro "no ha cambiado sus perspectivas en lo más mínimo".

El secretario de estado acertó solo parcialmente, claro está. Como ha pasado con cada uno de sus antecesores, su incapacidad de comprender a los seres humanos que impulsan la Revolución Cubana era sobre todo una ceguera de clase. No son únicamente Fidel y el liderazgo amplio y profundo de Cuba los que no han cambiado sus convicciones revolucionarias. Es el pueblo de Cuba en su abrumadora mayoría el que jamás se ha rendido. El que rehúsa subordinar los intereses del pueblo trabajador a las prerrogativas del capital. El que se mantiene en disposición, como siempre, de ayudar luchas revolucionarias donde sea que ocurran, por los medios que sean necesarios. Cuyo mensaje a los que aspiren a invadir sigue siendo el mismo que en Playa Girón: si vienen, quedan.

■

La respuesta más importante a *Cuba y la revolución norteamericana que viene* se ha manifestado entre las nuevas generaciones de lectores que descubrieron en sus páginas algo que no anticipaban. Entre esos nuevos lectores, nos honra decir, estaba el Prisionero Federal de Estados Unidos No. 58734-004, Ramón Labañino Salazar, uno de los muchos lectores de Pathfinder entre rejas, y uno de los cinco héroes de la Revolución Cubana que han estado presos en Estados Unidos ya por nueve años. Como sus compañeros de armas Gerardo Hernández, Antonio Guerrero, Fernando González y René González, al momento de su arresto en septiembre de 1998, Ramón estaba viviendo y trabajando en Estados Unidos, donde rastreaba las actividades de organizaciones contrarrevolucionarias cubanas que obran aquí con impunidad y, cuando era posible, daba aviso previo al gobierno cubano de sus planes asesinos de sabotaje y acciones armadas contra el pueblo cubano. Le fabricaron cargos y lo declararon culpable de actuar como agente no inscrito de una potencia extranjera y de conspirar para cometer espionaje. En lo que se podría calificar más acertadamente como un acto de retribución política destinado a castigar al pueblo cubano por su desafío revolucionario constante a las exigencias de Washington para que "cambie", le impusieron cadena perpetua, la que cumple actualmente en la prisión federal norteamericana en Beaumont, Texas.[1]

1. A Gerardo Hernández, a quien le fabricaron un cargo adicional de conspirar para cometer homicidio, le impusieron dos cadenas per-

Después de leer el prólogo de Jack Barnes a *Playa Girón/Bahía de Cochinos: Primera derrota militar de Washington en América*, reproducido aquí como "1961: Año de la Educación", Ramón escribió expresando su aprecio. Si bien había leído numerosos libros y documentos sobre Playa Girón, dijo Ramón, en este había aprendido algo que "nunca había leído en otro que tratara esta temática". Por primera vez, señaló, pudo percibir "la influencia directa de la Revolución Cubana, su ejemplo y repercusión en el pueblo de Estados Unidos, y en la formación del movimiento revolucionario de izquierda, y de solidaridad hacia nuestra patria". Esto demostraba una vez más, añadió Ramón, "que nuestros pueblos son hermanos e invencibles".

Muchos jóvenes lectores en Estados Unidos reaccionaron de manera similar al aprender cómo una generación anterior de jóvenes socialistas aquí en Estados Unidos había librado una intensa batalla política en defensa de la Revolución Cubana en las semanas antes, durante y después de la invasión organizada por Washington en 1961. Este capítulo de la historia del movimiento de la juventud comunista, que antes no se había documentado, fue para sus continuadores actuales más que un relato interesante de algo que ocurrió hace mu-

---

petuas consecutivas. Antonio Guerrero recibió cadena perpetua; Fernando González, 19 años; y René González, 15 años. Al dictar un fallo sobre la apelación de los acusados en agosto de 2005, un panel de tres jueces del Onceno Circuito del Tribunal de Apelaciones de Estados Unidos anuló las condenas y ordenó un nuevo juicio en base a que a los cinco se les negó un juicio imparcial en Miami. Esa decisión fue derogada un año después por el tribunal completo de apelaciones y las condenas fueron confirmadas. Continúan celebrándose audiencias de apelaciones basadas en argumentos adicionales. El caso de los cinco generó una amplia campaña internacional de denuncia contra las severas condiciones de su encarcelamiento y de reclamos a favor de su libertad. Los cinco fueron excarcelados y regresaron a Cuba en 2013–14.

cho tiempo. Se ha convertido en modelo de trabajo de masas a ser emulado, una guía para la acción en la actualidad.

■

Resulta especialmente apropiado que el impulso para esta segunda edición de *Cuba y la revolución norteamericana que viene* proceda de la editora venezolana Monte Avila y que se presentará en noviembre de 2007 en la Feria Internacional del Libro de Venezuela, cuyo lema será "Estados Unidos, una revolución posible". El hecho que esta cuestión la planteen trabajadores, agricultores y jóvenes que han estado en la vanguardia de las luchas populares que han marcado la política venezolana durante la última década, y que se reconozca que la respuesta que se dé a esta interrogante es de importancia decisiva para el futuro de todos nosotros, hace constar la agudización de la lucha de clases y la polarización de clases más y más profunda en nuestro hemisferio. Más aun, señala el fortalecimiento político del pueblo trabajador desde el Estrecho de Bering hasta la punta de Tierra del Fuego.

Cuando Fidel Castro anunció desafiante ante el mundo el 13 de marzo de 1961, que primero se "verá una revolución victoriosa en los Estados Unidos, que una contrarrevolución victoriosa en Cuba", no estaba mirando una bola de cristal o lanzando bravuconadas verbales. Tampoco los que iniciamos nuestra vida política en aquellos días de lucha creíamos que era una exhortación. Era un curso político para guiar una vida entera de acción . . . un curso que hoy es tan apremiante y necesario para el porvenir de la humanidad como lo fue en aquel entonces.

Mary-Alice Waters
Septiembre de 2007

1961: Año de la Educación

"La Crisis de Octubre fue la continuación del fiasco norteamericano de Girón. El revés que sufrieron en Girón los llevó a asumir el peligro de una guerra atómica. Girón es como una espina atravesada en la garganta, algo que ellos no aceptan todavía. En la guerra se gana o se pierde. Pero ellos no han admitido que han perdido en su esfuerzo de dominar a este país tan pequeño".

GENERAL DE DIVISION ENRIQUE CARRERAS
Fuerzas Armadas Revolucionarias de Cuba
Haciendo historia, octubre de 1997

LA MAÑANA DEL 18 DE ABRIL DE 1961, los lectores de la prensa diaria a lo largo de Estados Unidos amanecieron leyendo titulares de primera plana que proclamaban, "Rebeldes cerca de La Habana. Invaden cuatro provincias". Muchas radioemisoras vociferaban con un despacho de la Prensa Asociada (AP) que informaba que "fuerzas rebeldes cubanas" habían desembarcado a 38 millas de La Habana y en numerosos puntos más de la isla. Citando un comunicado de prensa del "Consejo Revolucionario Cubano", el despacho afirmaba que gran parte de las milicias había desertado ya al lado de las fuerzas invasoras y que "en las próximas horas" se libraría la batalla decisiva por el país. Las fuerzas "rebeldes" habían

---

Este es el prólogo a *Playa Girón/Bahía de Cochinos: Primera derrota militar de Washington en América* por Fidel Castro y José Ramón Fernández, publicado por Pathfinder en 2001.

asumido "control de Isla de Pinos y habían liberado a unos 10 mil presos políticos allí detenidos".

La mayoría de los norteamericanos aceptaron esta versión como cierta, y anticipaban escuchar muy pronto la noticia de que el "dictador procomunista" Fidel Castro había sido derrocado.

Sin embargo, por todo el país, en decenas de ciudades y en unos cuantos recintos universitarios, había pequeños grupos de individuos que sabíamos desde un principio que la versión de AP era mentira de cabo a rabo. Habíamos venido librando una intensa campaña educativa durante varias semanas para contrarrestar los mendaces intentos de desinformación de la administración Kennedy. Nos estábamos preparando para la invasión que sabíamos que se iba a producir, preparándonos para actuar aquí en el corazón yanqui, junto al pueblo cubano, desde el momento que la lanzaran. Entre el 17 y el 19 de abril, al librarse la batalla en Cuba, llenos de confianza salimos a la calle, organizamos mítines de protesta, en los tableros informativos pegamos un par de veces al día artículos subrayados y salimos en la radio afirmando que, al contrario de lo que declaraban todos los informes de la prensa, la invasión organizada y financiada por el gobierno norteamericano no iba ganando sino que estaba siendo derrotada.

Como habíamos hecho durante varios meses, señalamos la inmensa popularidad de la revolución entre el pueblo cubano en respuesta a las medidas que el nuevo gobierno lo organizaba a tomar. Se habían clausurado los antros de juego y prostíbulos manejados por la mafia, una vergüenza nacional. Se había distribuido tierra a más de 100 mil familias campesinas, entre arrendatarios, aparceros y precaristas. Se habían recortado los alquileres de casas y apartamentos, así como las tarifas de electricidad y teléfonos. Se había proscrito la discriminación racial y no solo se había promulgado la igualdad de acceso a las instalaciones públicas, sino que también se estaba haciendo cumplir. Las mejores playas públicas —donde antes se había excluido a los negros— se habían abierto a todo el mundo. Como parte de una extensión más amplia de la educación pública al campo, entre los pobres y para la mujer, se había lanzado una campaña nacional para eliminar el analfabetismo. Se habían formado milicias populares en las fábricas y demás centros de trabajo, lo mismo que en escuelas, barrios y pueblos por toda la isla, ante las demandas de armas y preparación militar por los cubanos para defender sus nuevas conquistas. Se habían nacionalizado los enormes monopolios estadounidenses extorsionistas, así como las principales propiedades agrícolas, comerciales e industriales de las acaudaladas familias cubanas que habían sido la base social y política de la dictadura batistiana.

Durante más de dos años de movilizaciones populares, los trabajadores y agricultores de Cuba no solo habían comenzado a transformar su país sino a transformarse a sí mismos. Era ésa precisamente la razón, explicábamos, por la que los cubanos podrían luchar —e iban a luchar— hasta la muerte en defensa de su revolución, y vencerían.

Apenas 36 horas después que los primeros artículos de AP habían aparecido en primera plana por todo Estados Unidos, las "fuerzas rebeldes" contrarrevolucionarias —que desembarcaron, no a 38 millas de La Habana ni en Isla de Pinos, sino cerca de Bahía de Cochinos en la costa sur de la isla— habían sido derrotadas de forma aplastante e ignominiosa en Playa Girón por las milicias populares, la Policía Nacional Revolucionaria, la Fuerza Aérea Revolucionaria y el Ejército Rebelde de Cuba. No solo el carácter decisivo, sino también la rapidez de la derrota de abril, fue impresionante. El plan estratégico autorizado por el presidente John F. Kennedy proyectaba que la fuerza mercenaria de 1 500 hombres estableciera y retuviera una cabeza de playa en un tramo aislado del territorio cubano el tiempo suficiente como para declarar un gobierno provisional y solicitar la intervención militar directa de Washington y de sus aliados más cercanos en Latinoamérica.

En Washington, y entre sus defensores en salas de redacción, fábricas y escuelas por todo el país, se comenzó a sentir el choque de la primera derrota militar del imperialismo norteamericano en América. En las semanas subsiguientes, al verterse recriminaciones amargas e interesadas entre los organizadores de la invasión, comenzó a salir más y más información en los principales medios de difusión de Estados Unidos sobre el operativo militar dirigido por Washington, y sobre los antecedentes sociales de los distintos "luchadores por la libertad" cubanos.

A medida que estos hechos se fueron difundiendo, los partidarios de la Revolución Cubana los aprovechamos plenamente para divulgar la verdad, señalar la exactitud de nuestros argumentos de los últimos meses, y subrayar la precisión sobria de los discursos y las declaraciones de los dirigentes de la Revolución Cubana en los dos últimos años.

Por ejemplo, la primera edición de la revista *Time* que apareció tras la victoria cubana reveló que los supuestos autores del comunicado de prensa del Consejo Revolucionario Cubano citado con tanta autoridad por AP —entre ellos personajes tan "prestigiosos" como José Miró Cardona— no solo no sabían nada del momento escogido para la invasión, sino que el gobierno estadounidense los habían mantenido casi como prisioneros mientras se desarrollaba el operativo. En realidad, el comunicado emitido a nombre suyo lo habían redactado los oficiales de la CIA a cargo de la invasión, al tiempo que a los miembros del gobierno cubano en el exilio —también creado por la CIA— se les mantuvo incomunicados bajo guardia militar en una barraca en la pista aérea desierta de Opa-Locka, al noroeste de Miami.

El cable de AP y el artículo de *Time* así como la forma en que los usamos formaron parte del intenso debate que ardió en varios recintos universitarios, así como en fábricas, estaciones ferroviarias y otros centros laborales por todo Estados Unidos durante los primeros años de la Revolución Cubana. Fue una batalla propagandística que, de un extremo al otro del país, se convirtió en un enfrentamiento callejero durante los días circundantes a la invasión organizada por Washington en Bahía de Cochinos y, más aún, un año y medio después durante la crisis "de los misiles" de octubre.

Esta batalla política que comenzó hace más de 40 años cambió la vida de un número importante de jóvenes en Estados Unidos. Transformó al movimiento comunista aquí de forma paralela a los cambios profundos que se daban en Cuba y en otras partes del mundo. Ningún suceso desde la revolución bolchevique de octubre de 1917 en Rusia ha tenido un impacto semejante en el movimiento obrero con conciencia de clase o en los jóvenes que se radicalizan.

Hay momentos en la historia cuando todo deja de ser "normal". De repente, la celeridad de los sucesos y la magnitud de lo que está en juego intensifican cada palabra y cada acción. El terreno neutral desaparece. Cambian las alineaciones y se conforman nuevas fuerzas. Se esfuman las gentilezas del debate cortés que normalmente prevalecen en los círculos burgueses, incluso en el seno de la "comunidad académica".

Abril de 1961 —cuando el bombardeo y la invasión a Cuba por parte de mercenarios organizados, financiados y desplegados por Washington se toparon con la resistencia audaz y la victoria relámpago del pueblo cubano— fue uno de esos momentos.

■

En aquella época yo era uno de los organizadores del Comité Pro Trato Justo a Cuba (FPCC) en la universidad de Carleton, una pequeña y muy respetable facultad de artes liberales en Northfield, Minnesota, una hora al sur de las ciudades gemelas de Minneapolis y St. Paul. La valla a la entrada de Northfield daba la bienvenida a los visitantes ofreciéndoles *Cows, Colleges, and Contentment* [Vacas, Universidades y Contento]. El estado de contento fue sometido a una dura prueba por el ascenso de la Revolución Cubana y el conflicto histórico e irreconciliable de las fuerzas de clases reflejadas en Bahía de Cochinos. Las vacas siguieron despreocupadas.

Las experiencias que vivimos en Carleton no fueron únicas. En uno u otro grado se repitieron en decenas de escuelas y universidades a través de Estados Unidos.

El triunfo de la Revolución Cubana en enero de 1959, combinado con la intensa hostilidad de Washington frente a la transformación económica y social que se obraba tan cerca de las costas de Estados Unidos, hicieron que varios estudiantes de Carleton decidieran visitar Cuba en 1960, cada uno en momentos distintos, para verla con sus propios ojos. Yo era uno de ellos, y pasé el verano en Cuba con el objetivo inicial de estudiar los cambios económicos que allí se estaban dando. Resultó que estas 10 semanas de diaria participación junto a otros jóvenes, y junto a trabajadores y agricultores cubanos, en acciones que constituyeron uno de los hitos más importantes de la revolución, me impactaron profundamente. Al retornar para cursar el último año de mi licenciatura, estaba empeñado en encontrar a aquellas personas en Estados Unidos cuya respuesta a lo que sucedía en Cuba se pareciera a la mía. Tenía dos objetivos entrelazados: colaborar con quien fuera posible para oponernos a los intentos de Washington de aplastar a la Revolución Cubana, y hallar entre ellos a los que quisieran organizar su vida con miras a emular aquí en Estados Unidos el ejemplo sentado por el Ejército Rebelde y el pueblo trabajador de Cuba.

A partir de la primavera de 1960, todo ser político en el mundo sabía que se estaba organizando una invasión a Cuba. Durante meses se difundieron versiones sobre el reclutamiento y las instalaciones de entrenamiento de la CIA en Florida, Louisiana y Guatemala. A pesar de las fuertes presiones del gobierno sobre periodistas y editores, quienes en su mayoría fueron acomodadizos, se llegó a publicar uno que otro artículo. El ministro del exterior de Cuba, Raúl Roa, quien habló por lo menos en tres ocasiones ante organismos de Naciones Unidas, públicamente detalló la envergadura de los preparativos que ya estaban en marcha. Planteó de manera clara e irrefutable que la única cuestión pendiente no era de si se produciría una invasión, sino dónde y cuándo se iba a realizar.

En el otoño de 1960, ante el impacto de las experiencias en Cuba, unos cuantos en Carleton organizamos un grupo de estudios socialistas para leer y discutir la teoría marxista: desde *La ideología alemana* y otras obras tempranas de Carlos Marx y Federico Engels que se acababan de publicar por primera vez en traducciones al inglés, hasta el *Manifiesto Comunista* y obras de dirigentes comunistas en Estados Unidos. Organizamos a otros estudiantes para que se suscribieran al semanario *The Militant*, que habíamos empezado a leer estando en Cuba y que era nuestra fuente de información más completa y sistemática, así como la más fiable, sobre la revolución.

Hacia principios de 1961, convencidos de que solo quedaban semanas antes de la invasión, organizamos un capítulo universitario del Comité Pro Trato Justo a Cuba, y comenzamos a realizar actividades políticas educativas de forma casi incesante, a fin de preparar el terreno para ahondar y ampliar la oposición a los planes de Washington.

El tablero informativo del centro estudiantil pronto se convirtió en un campo de batalla. Todos los días fijábamos recortes con las últimas noticias que aparecían en los diarios y semanarios capitalistas —desde el *Tribune* de Minneapolis hasta *Newsweek*—. Se subrayaban y se les agregaban comentarios para destacar los actos de agresión de Washington contra Cuba y para exponer las falsedades e informaciones contradictorias que emitían fuentes del gobierno norteamericano y sus apologistas. También fijábamos discursos de dirigentes cubanos recortados del *Militant* y afirmábamos sin reservas que su valoración de la respuesta de los gobernantes norteamericanos al avance de la revolución no tardaría en confirmarse. Los que se oponían a la revolución, desde liberales hasta ultraderechistas, respondían pegando artículos que según ellos reforzaban sus opiniones; nosotros respondíamos horas después, utilizando en muchos casos las mismísimas fuentes para rebatir sus argumentos. Ibamos aprendiendo una valiosa lección sobre la existencia y la eficacia de las campañas de desinformación imperialistas.

Sin embargo, nadie trató de arrancar los recortes o de parar el debate, un hecho que consideramos como nuestra primera victoria. Habíamos hecho lo que simultáneamente estaban haciendo los comunistas en fábricas y talleres por todo el país: habíamos asumido la ofensiva moral, demostrando que éramos los defensores de Cuba —y no nuestros opositores— quienes insistíamos en los debates, en la franqueza, en la lectura crítica de la prensa y en la discusión de los hechos.

En febrero de 1961 habíamos iniciado una serie de reuniones públicas sobre Cuba. Estos programas estaban auspiciados por Challenge (Desafío), una serie de conferencias que habíamos establecido hacia principios del año escolar tras ganar apoyo del gobierno estudiantil para esta iniciativa. El periódico universitario, el *Carletonian,* describió el programa como destinado a "desafiar las creencias y presuposiciones subyacentes del estudiantado al traer al recinto a 'numerosos individuos inteligentes y comprometidos que sostienen criterios disidentes que el estudiantado de Carleton no suele escuchar'".

Challenge ya había tenido un amplio impacto en la universidad. Organizó debates sobre las operaciones encubiertas de Washington en Laos. La crítica literaria marxista Annette Rubinstein, de la redacción de la revista *Science and Society* (Ciencia y sociedad), había dado una conferencia sobre Shakespeare. Challenge auspició un debate sobre los "disturbios" de mayo de 1960 en San Francisco contra el llamado Comité de la Cámara de Representantes sobre Actividades Anti-Americanas (HUAC). Exhibimos y debatimos *Salt of the Earth* (La sal de la tierra), una película que estuvo en las listas negras, que trataba de la batalla para sindicalizar en el Sudoeste a los mineros del zinc, en su mayoría mexicanos, frente a la violencia de escuadrones y una feroz campaña de *red-baiting* anticomunista. Después de la película, un miembro del Sindicato Internacional de Trabajadores de Minas, Plantas y Fundiciones habló sobre su huelga de 1950 y de la batalla que aún estaban librando contra los dueños de las minas. En otro programa sobre los sindicatos —una "institución desconocida" en Carleton en aquellos años— figuró como orador Mark Starr, por muchos años director educativo del sindicato de la costura ILGWU.

Todos estos eventos fueron controvertidos en la universidad. Sin embargo, nada se pudo comparar con lo que estalló en torno a los programas sobre Cuba.

Una carta al director publicada en marzo de 1961 en el *Carletonian* reclamó sobre el "trato brusco" que un catedrático invitado supuestamente había recibido de parte de varios estudiantes que lo habían impugnado severamente sobre los hechos en respuesta a declaraciones que hizo sobre Cuba. El reconoció ante la reunión de Challenge que no era una autoridad en la materia y luego tuvo que admitir al periódico estudiantil que ni siquiera había estado en Cuba.

La semana siguiente, dos miembros del Comité Nacional Pro Trato Justo a Cuba hablaron en el recinto, bajo los auspicios de Challenge, sobre la Revolución Cubana y la lucha por los derechos de los negros que se iba profundizando por todo Estados Unidos. Uno de ellos era Robert F. Williams, miembro fundador del Comité Pro Trato Justo a Cuba, a quien dos años atrás los altos funcionarios de la organización pro derechos civiles NAACP habían destituido de la presidencia del capítulo en Monroe, Carolina del Norte, por organizar a otros veteranos de guerra negros para la autodefensa de su comunidad contra los escuadrones nocturnos y otros matones racistas. El otro orador era Ed Shaw, organizador del Comité Pro Trato Justo en el Medio Oeste, quien era cajista y miembro del Sindicato Internacional Tipográfico en Detroit, así como uno de los dirigentes del Partido Socialista de los Trabajadores. Esa reunión tuvo un gran impacto en la universidad. Ante todo, lo que nos impresionó fue que tanto Williams como Shaw hablaron sobre la lucha por los derechos de los negros y sobre la Revolución Cubana con la misma soltura y perspicacia.

La semana siguiente, cuatro estudiantes de Carleton que habíamos visitado o vivido en Cuba —tres éramos organizadores del Comité Pro Trato Justo a Cuba en el recinto— presentamos diapositivas y debatimos los puntos controvertidos.

Organizamos esfuerzos para asegurar que todas las ediciones del *Carletonian* publicaran artículos, cartas, caricaturas y otros comentarios que formaban parte del debate creciente sobre la Revolución Cubana entre estudiantes y catedráticos. Jim Gilbert, un partidario del Comité Pro Trato Justo que había visitado Cuba durante el receso navideño a fines de 1960, escribió un artículo amplio donde describió sus experiencias y observaciones sobre los logros sociales y políticos del pueblo cubano. Por casualidad, Gilbert había visitado Playa Girón, donde el gobierno revolucionario estaba concentrando esfuerzos de desarrollo que ya habían comenzado a transformar las condiciones de vida y de trabajo de los habitantes empobrecidos de la Ciénaga de Zapata, antes una de las regiones más aisladas y atrasadas del país. No teníamos idea, en aquel entonces, del significado especial que Playa Girón tendría en cuestión de semanas, no solo para el pueblo cubano sino para la labor de los partidarios de la Revolución Cubana.

El debate que se desataba en Carleton, igual que en otras partes, se vio afectado de forma profunda a principios de 1961 al saberse del asesinato de jóvenes alfabetizadores en Cuba por bandas contrarrevolucionarias armadas y financiadas por la CIA en áreas remotas de la isla. Los sermones de los opositores liberales de la revolución acerca de la necesidad de escuchar ambos lados del conflicto parecía brutalmente hipócrita junto a las fotos de adolescentes cubanos que habían sido linchados por el crimen de enseñar a familias campesinas a leer y escribir. O por el crimen de vestir el uniforme de miliciano cuando, desarmados, caminaban a casa por la noche.

Los partidarios de la revolución también pusieron de relieve el trato injusto y brutal dado en Estados Unidos a los cubanos que apoyaban la revolución. Apenas unos días antes de la invasión de Bahía de Cochinos, Francisco Molina, un trabajador cubano desempleado, que respaldaba la revolución, fue declarado culpable en Nueva York de cargos de homicidio en segundo grado. El *Carletonian* publicó la historia de lo que pasó. Tras fabricarle cargos, a Molina lo habían declarado culpable de homicidio por la muerte accidental de una niña venezolana durante una riña, provocada por un ataque de contrarrevolucionarios cubanos, que se desató en un restaurante neoyorquino durante la visita del primer ministro Fidel Castro, en septiembre de 1960, para dirigirse a la Asamblea General de Naciones Unidas. Por razones de "seguridad nacional", el juez no permitió que los abogados defensores de Molina intentaran averiguar la identidad y otra información pertinente acerca de los contrarrevolucionarios involucrados en el incidente. Mientras la prensa respetable ponía el grito en el cielo sobre la falta de justicia en Cuba, el carácter de clase de la "justicia" en Estados Unidos no nos lo podían demostrar de forma más clara.

Durante esas mismas semanas, se desató una lucha importante que involucraba a fuerzas mucho más grandes que las de Carleton en torno al reconocimiento del Comité Pro Trato Justo a Cuba en la universidad. A principios de febrero la asociación del gobierno estudiantil aprobó, por una mayoría de dos tercios, una solicitud del capítulo del FPCC en la universidad para obtener el reconocimiento como organización. Una minoría ruidosa objetó, arguyendo que un grupo que abiertamente se dedicaba a "la diseminación de material, tanto hechos como opiniones, sobre asuntos contemporáneos cubano-norteamericanos" y a establecer "un entendimiento más amplio de las relaciones cubano-norteamericanas" no podía ser una organización universitaria legítima puesto que, alegaban, el FPCC era "vulnerable a la influencia comunista". En la edición siguiente del periódico universitario apareció una caricatura que satirizaba los alegatos derechistas; en ella se mostraba a Nikita Jruschov, Mao Zedong y Fidel Castro parados detrás del director del *Carletonian*, John Miller, y diciendo entre risas, "Bueno, muchachos, ¿qué vamos a poner en el *Carletonian* la semana que viene?"

Aun así, el gran voto mayoritario de la asociación del gobierno estudiantil tampoco resolvió la cuestión. Una reunión del claustro también tenía que aprobar los estatutos de todas las organizaciones estudiantiles antes de que se les aceptara, hasta entonces una formalidad luego de una recomendación favorable del gobierno estudiantil. Después de estancarlo por un mes con tecnicismos, la reunión del claustro discutió a mediados de marzo la solicitud del FPCC, junto a una carta de tres estudiantes que objetaban la aprobación del capítulo universitario. Adjuntos a la carta iban extractos de los documentos del Subcomité Senatorial sobre Seguridad Interna, presidido por los senadores demócratas James Eastland de Mississippi y Thomas Dodd de Connecticut. En esos momentos el comité realizaba una audiencia al estilo de caza de brujas sobre la "influencia comunista" en el Comité Pro Trato Justo a Cuba.

El decano de la universidad Richard Gilman dijo al claustro, reunido a puertas cerradas, "que tenía información que dice que el Partido Socialista de los Trabajadores tiene un interés especial y partidista en el Comité Pro Trato Justo a Cuba: lo están usando para sus propios fines". Según una fuente del *Carletonian* presente en esta reunión a puertas cerradas, "Gilman reconoció que tal información presentada no eran pruebas documentadas sino que era la 'opinión' de dos fuentes", cuya identidad rehusó revelar por la "naturaleza de la información y las fuentes".

El periódico universitario informó sobre el rechazo de una solicitud de los organizadores del comité para que se les presentara al menos "un incidente documentado que indique el uso del FPCC por otro grupo político para fines que no sean los enumerados en sus estatutos". Se rechazó también una solicitud de que se les facilitara la identidad de al menos una de las supuestas "fuentes" para que pudieran "confrontar a quienes acusaban al comité" y así corroborar o refutar sus "opiniones".

Unos días antes del voto del claustro sobre el reconocimiento del comité, Gilman me pidió que pasara por su oficina. Me dio copias de páginas expurgadas de un archivo del FBI sobre el Comité Pro Trato Justo a Cuba, que contenían informes de soplones sobre las reuniones del comité en Minneapolis-St. Paul, incluidos comentarios truncados que se les atribuían a individuos identificados como miembros del Partido Socialista de los Trabajadores. Cuando el decano me preguntó si reconocía a alguno de los nombres, le aseguré que sí, y que varios de ellos eran mis camaradas. Eran miembros del partido al que pronto me iba a unir. También le afirmé que los conocía lo suficiente como para asegurarle que ellos no podían haber hecho el tipo de comentarios que les atribuían los soplones apolíticos del FBI.

"Eso realmente no cambia nada, ¿verdad, Jack?" fue la única respuesta de Gilman. Fue una reunión muy corta.

No importaban los hechos ni el contenido, sino la acusación. O, más bien, la amenaza implícita en la acusación. Ese era el mensaje. Este era el método probado de caza de brujas, elaborado durante el gobierno de guerra de Franklin Roosevelt, cuyo uso amplió Harry Truman y que después perfeccionaron durante más de un lustro a fines de los años cuarenta y comienzos de los cincuenta Richard Nixon, Joseph McCarthy y otros de su calaña. Era un método todavía muy usado en 1961. "X" y "Y" eran conocidos miembros del Partido Socialista de los Trabajadores, una organización comunista; y el Partido Socialista de los Trabajadores estaba en la Lista del Procurador General de Organizaciones Comunistas o Subversivas: en aquellos días, a menudo eso bastaba para acabar la discusión.

A pesar de todo, Gilman aún no estaba lo suficientemente seguro de obtener una mayoría como para permitir un voto del claustro sobre el reconocimiento del Comité Pro Trato Justo a Cuba. El 11 de marzo el claustro aceptó la recomendación del decano de no tomar una decisión sobre la propuesta del gobierno estudiantil, hasta que se aclararan algunas cuestiones sobre las que él aguardaba "más información". Todos captaron el mensaje. El año escolar estaba por terminar, y los principales dirigentes del comité estaban en su último año. El decano y otros esperaban que su "problema" quedaría eliminado antes de que empezara el próximo año académico.

Pero las guerras expresan una agudización, no una distensión, de la lucha de clases. A los pocos días de su "solución" a la solicitud del gobierno estudiantil de que el Comité Pro Trato Justo a Cuba fuera reconocido como organización universitaria, su "problema", lejos de desaparecer, estaba a punto de empeorarse.

■

Con los bombardeos de los aeropuertos cubanos del 15 de abril; la movilización de masas del 16 de abril en la que Fidel Castro explicó el carácter socialista de la revolución y que preparó políticamente al pueblo cubano para la inminente agresión; y con el desembarco de fuerzas mercenarias el 17 de abril en Bahía de Cochinos, seguido por su aplastante derrota en menos de tres días —todo documentado por Fidel Castro y José Ramón Fernández en las páginas de *Playa Girón/Bahía de Cochinos: Primera derrota militar de Washington en América*— todo dejó de ser normal.

Una de las rutinas de la vida universitaria en Carleton era la lectura de los despachos noticiosos del día durante la hora del almuerzo. En el comedor de cada dormitorio, cuando los estudiantes camareros que trabajaban para cubrir sus becas servían el almuerzo, el camarero principal solía leer un puñado de los despachos matutinos de la agencia noticiosa

United Press International. El servicio de teletipo de la UPI se lo facilitaba gratuitamente a la radioemisora universitaria la empresa de cigarrillos Lucky Strike, a condición de que la Lucky Strike fuera identificada como patrocinadora de todos los programas noticiosos. Y así se hacía. Salvo cuando el "Zorro Dormilón", locutor del programa matutino de música para despertarse y de noticias, a veces anunciaba que el patrocinador era una marca popular de habanos cubanos. También preparaba a los estudiantes para el día, comenzando el programa con el *Himno del 26 de Julio*, un antídoto contra *Barras y estrellas*, con que las estaciones de radio y televisión en Estados Unidos iniciaban y cerraban cada transmisión.

El lunes 17 de abril cambió el estilo seco y ligeramente cínico de la lectura de noticias del almuerzo. Los derechistas, ya con los ánimos un tanto caldeados, de inmediato acogieron los informes iniciales del ataque contra Cuba coreando rítmicamente "¡Guerra! ¡Guerra! ¡Guerra!" La rapidez de la transformación, y la violencia incipiente que apenas se escondía debajo de la superficie del "debate político", era algo que ninguno de nosotros había visto antes.

Tres días después, para quienes habían encabezado las consignas, sucedió lo inimaginable. Casi se podían ver crecer las filas de los partidarios del Comité Pro Trato Justo a Cuba conforme los lectores de noticias leían con voz inexpresiva los despachos de UPI que anunciaban la derrota absoluta de las fuerzas mercenarias en "Cochinos Bay". Nos sorprendimos al ver cómo algunos trabajadores, instructores y estudiantes de la universidad, a quienes apenas conocíamos —y quienes habían mantenido el rostro impasible durante los tres días anteriores— se nos acercaban con un apretón de manos o una sonrisa para decir una frase amistosa, aun si no mencionaban abiertamente a Cuba.

1961 fue en Cuba el "Año de la Educación", cuando más de

100 mil jóvenes, la gran mayoría adolescentes, dejaron sus hogares y se esparcieron por todo el país para erradicar el analfabetismo de Cuba antes del fin del año. De formas inesperadas, 1961 fue también nuestro año de la educación.

Una de las lecciones más grandes que aprendimos tuvo que ver con lo que sucede en un país imperialista cuando se desata la guerra.

El 17 de abril, en cuestión de horas, el amplio e indeciso sector del centro se había visto reducido a un núcleo sin voz. Los meses de acción política concentrada, en preparación para la batalla inevitable, encajaron bien en unos pocos días decisivos. Los organizadores comprometidos del Comité Pro Trato Justo a Cuba en Carleton habían sido menos de media docena a principios de 1961. Pero ahora se cosechaban los frutos de las semanas de educar, hacer trabajo propagandístico, escribir, conversar, proponer y organizar debates políticos abiertos, y responder a los retos de cada opositor sobre cada tema. En momentos en que los trabajadores y campesinos de Cuba le asestaban una derrota aplastante al imperialismo estadounidense, el apoyo a las posiciones políticas que habíamos estado defendiendo creció de forma explosiva. Pero solo porque estábamos allí, éramos conocidos, y estábamos preparados para responder.

La polarización violenta y aguda que ocurrió cuando se dieron los primeros disparos nos brindó otra gran lección. Como opositores de la invasión auspiciada por Washington, estuvimos en la calle en cuestión de horas. Pero allí estuvieron también los cuadros ultraderechistas de los Jóvenes Americanos Pro Libertad (YAF), quienes se movilizaron para tratar de impedir físicamente que se realizaran acciones del Comité Pro Trato Justo a Cuba.

En la escalinata del centro estudiantil de la Universidad de Minnesota el 18 de abril, donde el Comité Pro Trato Justo a

Cuba había organizado un mitin de protesta, una multitud mayoritariamente hostil de varios cientos de personas creció a más de mil al tiempo que los derechistas arrojaban bolas de nieve y cartones de leche contra los oradores, mientras los policías se sonreían. Ante una situación en que los organizadores del evento, en su mayoría pacifistas y liberales, no estaban preparados para defender el mitin, John Greenagle, presidente estatal de YAF, se subió a la tarima a la fuerza y deploró el derrocamiento de Batista en 1959, mientras unos cuantos estudiantes apelaban a la "tolerancia" y al "diálogo". Hasta uno de los que se había proyectado como orador en contra de la invasión se apresuró a distanciarse de la Revolución Cubana, gimiendo, "No apoyamos a Castro. El pueblo cubano se encuentra nuevamente bajo la bota de un dictador, ¿pero es acaso una invasión apoyada por Washington la forma de ayudarlos? ¿Es esta fuerza armada mejor que Batista o que Castro?"

A la mañana siguiente, frente al edificio de química habían colgado una efigie del "comunista" Comité Pro Trato Justo a Cuba.

En otros centros de estudios en Estados Unidos ocurrieron enfrentamientos similares, desde Madison, Wisconsin, hasta Providence, Rhode Island.

Aprendimos en la práctica lo que Batista y la Revolución Cubana nos habían enseñado a distancia: que también en Estados Unidos tendríamos que derrotar en las calles a los matones reaccionarios para tener incluso el derecho de dar a conocer nuestras posiciones.

También aprendimos una lección sobre el liberalismo cuando la mayoría de nuestros amigos entre los catedráticos se callaron o se ausentaron, en vez de hacerle frente a un decano (y encima, uno reservado y tolerante) que de repente les agitaba en la cara la lista del procurador general e informes de soplones del FBI. En realidad, fue un par de conocidos catedráticos conservadores quienes resultaron ser más firmes en su defensa de nuestros derechos que la mayoría de sus colegas liberales.

Vimos a aliados estudiantiles —que antes habían sido firmes defensores de la Revolución Cubana, o por lo menos del derecho del FPCC a funcionar como las demás organizaciones universitarias— que de pronto se acobardaban; estaban descubriendo que sus proyectos de carreras futuras eran incompatibles con la continua asociación con amigos que se estaban volviendo comunistas.

Otros tomaron la decisión opuesta respecto a su vida en cuestión de días, a veces horas.

Nuestra comprensión de estas cuestiones de clase se aceleró enormemente por el hecho de que estábamos compartiendo nuestras experiencias día a día, a la vez que hablábamos acerca de ellas hasta horas de la madrugada, con trabajadores comunistas en Minneapolis y St. Paul. Eran personas como V.R. Dunne, quien había sido miembro de la Internacional Comunista desde su fundación en 1919, uno de los dirigentes de las huelgas y campañas de sindicalización del sindicato de camioneros Teamsters al norte del Medio Oeste durante la década de 1930, y una de las primeras víctimas de un caso fabricado por el gobierno federal bajo la infame ley Smith, o Ley de la "Mordaza", por su oposición al imperialismo estadounidense antes y durante la Segunda Guerra Mundial.

Estos trabajadores nos orientaron hacia la historia de la lucha de clases en Estados Unidos, hacia las lecciones que necesitábamos aprender de los trabajadores y agricultores en este país cuyo legado combativo habíamos heredado. Se basaban en esta rica historia al ayudarnos a entender para lo que debíamos prepararnos con miras a enfrentar a la clase gobernante más violenta y brutal en el mundo.

Ante todo, nos enseñaron a aquellos que, como ellos mismos, nos sentíamos fuerte y apasionadamente atraídos al ejemplo sentado por los combativos trabajadores y campesinos de Cuba, que el desafío —*para nosotros*— no se encontraba en Cuba. Nuestra lucha se daba en Estados Unidos. Los trabajadores y agricultores de Cuba habían demostrado que podían resolver sus propios asuntos. Washington, para parafrasear al general de división cubano Enrique Carreras, jamás se podría sacar esa espina de la garganta.

Trabajadores como Dunne y otros más nos ayudaron a ver que la contienda únicamente terminaría con la derrota de la revolución en Cuba o con una victoriosa revolución socialista en Estados Unidos.

"Y algo sí podemos comunicarle al señor Kennedy", dijo Fidel Castro ante las ovaciones de una multitud en Cuba el 13 de marzo de ese año. "Que primero verá una revolución victoriosa en los Estados Unidos, que una contrarrevolución victoriosa en Cuba".

Esa había llegado a ser nuestra convicción también. Pero ante todo se convertía en nuestra guía para una vida de acción, un curso de conducta nacido de las necesidades, los intereses y las capacidades históricas de la clase trabajadora. Por increíble que esta meta revolucionaria le resultara al norteamericano medio, para nosotros se había hecho patente que era la única perspectiva *realista*, y nos dedicamos a apresurar la llegada de ese día.

Nuestro entendimiento de lo que estábamos viviendo se ahondó gracias a los intercambios constantes entre los nuevos activistas jóvenes, que en su mayoría estaban en las universidades, y los trabajadores comunistas cuyas experiencias durante esos días en el trabajo, en los sindicatos y en el campo político más amplio eran paralelas a las nuestras. Todos estábamos atravesando los mismos sesgos y cambios políticos acelerados. Nuestros compañeros que trabajaban en los ferrocarriles contaban que recibían una respuesta amistosa de compañeros de trabajo al decir la verdad acerca de Cuba, de la misma manera que nosotros nos sentíamos alentados de muchas formas indirectas por aquellas personas en la universidad que, antes no nos habíamos percatado, venían observando, calladamente y de cerca, lo que decíamos y hacíamos.

Llegamos a apreciar el hecho que todo dependía en estar organizados y haber hecho el trabajo político de antemano. Aprendimos por experiencia propia lo peligrosamente errados y afectados por los prejuicios de clase que eran los temores y las reacciones semihistéricas de muchos de nuestros colegas basados en las universidades. La causa de la reacción no eran los "trabajadores norteamericanos retrógrados" sino la clase dominante estadounidense y los semihistéricos sectores de clase media que le servían como su correa de transmisión. El peligro provenía también de aquellos en estas capas relativamente más acomodadas que, lo admitiesen o no, se habían encaminado hacia una vida que por necesidad implicaba justificar políticamente las acciones rapaces y brutales de esa clase dominante.

■

A medida que los trabajadores y agricultores cubanos impulsaban su revolución socialista y que aumentaba la agresión estadounidense en reacción a sus logros, las lecciones transformaban también la forma en que veíamos las batallas por los derechos de los negros en Estados Unidos. La lucha de masas de base proletaria para derrocar el sistema Jim Crow de segregación racial establecido por ley en todo el Sur, con sus diversas formas de discriminación hondamente arraigadas por todo el país, marchaba hacia sangrientas victorias a la vez que avanzaba la Revolución Cubana. Podíamos constatar en la práctica que dentro de Estados Unidos existían fuerzas sociales poderosas capaces de llevar a cabo una transformación social revolucionaria como la que el pueblo trabajador de Cuba estaba haciendo realidad.

El núcleo de los activistas que defendían la Revolución Cubana eran jóvenes que en lo político habían echado los dientes en las batallas por los derechos civiles, apoyando las sentadas en los comedores de Woolworth y uniéndose a o apoyando marchas y otras protestas en Alabama, Georgia, Mississippi y otras partes del Sur.

Los numerosos rostros de la reacción —con capuchas del Ku Klux Klan algunos, protegidos tras uniformes de sheriff y chaquetas del FBI otros—; los linchamientos y los asesinatos en carreteras rurales aisladas; los perros y los cañones de agua con que atacaban a los manifestantes: todo esto se quedó grabado en nuestra conciencia, como parte de las lecciones que estábamos aprendiendo sobre la violencia y la brutalidad de la clase dominante y hasta qué extremos van a llegar a fin de defender su propiedad y sus privilegios.

Y también estábamos aprendiendo lecciones de la autodefensa armada organizada por veteranos negros en Monroe, Carolina del Norte, y en otras partes del Sur. Inmediatamente después de la derrota de Washington en Bahía de Cochinos, durante un debate en el Comité Político de la Asamblea General de Naciones Unidas, el ministro del exterior cubano Raúl Roa leyó un mensaje que el antiguo presidente de la NAACP en Monroe, Robert F. Williams, le había pedido que transmitiera al gobierno de Estados Unidos.

"Ahora que Estados Unidos ha proclamado su apoyo militar a pueblos dispuestos a rebelarse contra la opresión", escribió Williams, "los negros oprimidos en el Sur pedimos urgentemente tanques, artillería, bombas, dinero, el uso de pistas

"Llegamos a comprender que la violencia legal y extralegal dirigida contra aquellos que luchaban por sus derechos y dignidad como seres humanos aquí en Estados Unidos era lo mismo que la creciente agresión desatada contra el pueblo de Cuba. Para nosotros, la lucha por los derechos de los negros llegó a ser una lucha completamente entrelazada con lo que estaba en juego en la defensa de la Revolución Cubana".

Arriba: Jóvenes manifestantes protestan contra la muerte de Timothy Thomas, de 19 años, a manos de la policía, Cincinnati, Ohio, abril de 2001. **Abajo**: Una residente del área explica los hechos en torno a la muerte a los jóvenes dirigentes cubanos Yanelis Martínez y Javier Dueñas (ambos a la derecha) en el sitio donde ocurrió el acribillamiento.

aéreas y mercenarios blancos estadounidenses para aplastar a tiranos racistas que han traicionado la Revolución Norteamericana y la Guerra Civil".

Pronto llegamos a comprender que la violencia legal y extralegal dirigida contra aquellos que luchaban por sus derechos y dignidad como seres humanos aquí en Estados Unidos eran lo mismo que la creciente agresión abierta y encubierta desatada contra el pueblo de Cuba. Situamos la lucha por los derechos de los negros en el marco mundial, no solo en la política "nacional". Para nosotros llegó a ser una lucha completamente entrelazada con lo que estaba en juego en la defensa de la Revolución Cubana.

Esto se manifestó sobre todo en la convergencia de la Revolución Cubana y Malcolm X, cuya voz de lucha revolucionaria intransigente —por los medios que fuesen necesarios— se hacía escuchar más y más en ese entonces. Malcolm dio la bienvenida a Fidel Castro al Hotel Theresa en Harlem durante el viaje de la delegación cubana a Naciones Unidas en 1960. Malcolm invitó a Che Guevara a hablar ante una reunión de la Organización de la Unidad Afro-Americana durante el viaje que Che realizó a Nueva York en 1964.

Para nosotros, estas y otras expresiones del creciente respeto y solidaridad mutuos que caracterizaron las relaciones entre Malcolm X y la dirección cubana confirmaron aún más la óptica mundial que nos íbamos formando.

■

Las protestas en abril de 1961 contra la invasión de Cuba organizada por Washington —realizadas en decenas de ciudades por todo Estados Unidos, así como en numerosos pueblos universitarios pequeños— marcaron un momento importante en la política estadounidense también en otro aspecto.

En muchas ciudades —por primera vez en décadas— fueron actividades de frente único, convocadas bajo la bandera del Comité Pro Trato Justo a Cuba y organizadas tanto por aquellos que se identificaban con el periódico *The Militant* como por los que buscaban la orientación del *Daily Worker*, periódico del Partido Comunista. Representantes de cada una de estas corrientes históricas en el movimiento obrero amplio se sumaron a oradores del Movimiento 26 de Julio y a figuras conocidas que no estaban afiliadas a ninguna corriente en tribunas organizadas desde Nueva York hasta Detroit, desde Minneapolis hasta San Francisco. Las acciones inclusivas fueron prueba tanto del impacto de la Revolución Cubana como del liderazgo del Movimiento 26 de Julio.

Las posibilidades de organizar acciones unitarias habían recibido un impulso durante el verano de 1960, cuando decenas de jóvenes de Estados Unidos, tanto afiliados como no afiliados, habíamos viajado a Cuba. Muchos participamos en la celebración del 26 de julio en la Sierra Maestra y asistimos al Primer Congreso Latinoamericano de Juventudes, celebrado en La Habana. Participamos en el amplio debate político entre jóvenes de toda América y del mundo, esforzándonos por comprender la impetuosa lucha de la que formábamos parte y examinar las cuestiones que Che Guevara había abordado en su discurso de apertura al congreso juvenil, cuando preguntó: "¿Es la Revolución Cubana comunista?"

La respuesta que dio Guevara planteó los temas que todos veníamos debatiendo. "Después de las consabidas explicaciones para averiguar qué es comunismo, y dejando de lado las acusaciones manidas del imperialismo, de los poderes coloniales, que lo confunden todo", respondió Guevara, "vendríamos a caer en que esta revolución, en caso de ser marxista —y escúchese bien que digo marxista—, sería porque descubrió también, por sus métodos, los caminos que señalara Marx".

La explicación de Guevara coincidió bien con las conclusiones a las que a tientas me iba aproximando aquel verano decisivo, cuando todas las principales industrias de propiedad imperialista en Cuba se nacionalizaron mediante movilizaciones masivas del pueblo trabajador, de un extremo de la isla al otro. Sin embargo, la óptica de Guevara estaba lejos de gozar de unanimidad en Cuba o entre los jóvenes de toda América que en tropel habíamos ido a Cuba. Allá pasamos muchas y largas horas debatiendo los temas políticos y teóricos que se planteaban.

A pesar de haber fuertes diferencias políticas sobre la dinámica de la revolución en Cuba y la política de clases en Estados Unidos, el hecho que diversas corrientes pudieran juntarse en acciones contra el gobierno norteamericano, aunque fuera de forma breve, demostraba el peso de la Revolución Cubana en las Américas, y hasta qué punto daba paso a la ruptura de moldes congelados y al cambio de fuerzas que por muchos años había dominado lo que de manera amplia se consideraba la "izquierda".

■

Por otra parte, los Comités Pro Trato Justo a Cuba en los recintos universitarios y las acciones en respuesta a la invasión por Bahía de Cochinos patrocinada por Washington asestaron uno de los primeros golpes contra la caza de brujas y el *red-baiting* anticomunistas. Según ilustraba el ejemplo de Carleton, las audiencias del Subcomité Senatorial de Seguridad Interna, cuyo objetivo era dividir y destruir la eficacia del FPCC, no afectaron a los estudiantes de la misma forma que lo habrían hecho varios años antes.

Durante estos meses de actividad política intensa en defensa de Cuba, se habían multiplicado por todo el país los Comités por la Abolición de HUAC, el Comité de la Cámara de Representantes sobre Actividades Anti-Americanas. El 21 de abril, un día después de la concentración de 5 mil personas en la plaza Union Square en Nueva York para condenar la invasión de Cuba, concurrió en la ciudad un número similar de personas para un mitin contra HUAC para denunciar la detención inminente de varios destacados activistas por las libertades y los derechos civiles por negarse a cooperar con el comité de la Cámara.

La convicción de los estudiantes, en particular, de que los gobernantes estadounidenses mentían acerca del pleno control de Washington sobre la invasión y otras acciones contra Cuba iba acompañada de su rechazo a los métodos de caza de brujas empleados por el gobierno. La predisposición a buscar la verdad sobre Cuba era incompatible con la creencia de que no se debían escuchar las opiniones de una persona por el solo hecho de que fuese comunista o que se le tildara de comunista.

Como preludio de lo que sucedería en los primeros años del movimiento contra la guerra de Vietnam a mediados y fines de la década de 1960, las maniobras de caza de brujas por parte de estudiantes y catedráticos derechistas, lejos de paralizar los esfuerzos organizativos, fueron objeto de burlas y desprecio. La mayoría de los estudiantes que adquirían conciencia política simplemente rehusaban apoyar los intentos de excluir del Comité Pro Trato Justo a Cuba a los miembros y partidarios del Partido Socialista de los Trabajadores, del Partido Comunista o de cualquier otro grupo o individuo.

■

La victoria del pueblo trabajador cubano en Playa Girón desbarató el mito de la invencibilidad del imperialismo estadounidense. Nos infundió la convicción de que la Revolución Cubana sería parte integral de la lucha de clases dentro de Estados Unidos mientras la clase trabajadora estuviera en el poder en Cuba. Estábamos seguros de que ésta sería la realidad por el resto de nuestras vidas. Y lo ha sido. Los gobernantes norteamericanos jamás podrían aceptar a Cuba revolucionaria y jamás cejarían en sus intentos de eliminar la revolución y su ejemplo. Estaban en juego sus intereses más vitales. Esa era la verdad que teníamos que hacerle llegar al pueblo trabajador en Estados Unidos y que debía orientar nuestra acción.

Días después de la derrota de Bahía de Cochinos, el presidente Kennedy arreció las operaciones encubiertas contra Cuba y comenzó a organizar directamente desde la Casa Blanca, de forma aún más extensa, misiones de sabotaje, intentos de asesinato y preparativos militares para una invasión estadounidense. Por aquel entonces no teníamos idea de la envergadura de esas operaciones, ni que apenas año y medio más tarde la administración las llevaría al borde mismo de desatar una guerra nuclear. Pero sí sabíamos que Fidel Castro había expresado una verdad al pueblo de Cuba y al mundo en su informe del 23 de abril sobre la victoria en Playa Girón, cuando destacó que la victoria "no quiere decir, ni mucho menos, que el peligro haya pasado. Nosotros creemos que el peligro ahora es grande; sobre todo, es grande el peligro de una agresión directa de Estados Unidos".

La victoria del pueblo trabajador cubano en Playa Girón, junto con la experiencia concentrada de lucha de clases que habíamos adquirido en unos pocos meses de actividad intensa, nos habían transformado, en cuestión de días, a un grupo de jóvenes para el resto de nuestras vidas. Antes de Bahía de Cochinos había un solo miembro de la Alianza de la Juventud Socialista en la universidad de Carleton, yo, y otro miembro en la Universidad de Minnesota, John Chelstrom, un estudiante flaco de primer año de 18 años de edad. Cuando todos los demás se quedaron paralizados ante la multitud rabiosamente hostil en la Universidad de Minnesota, Chelstrom dio un paso al frente, tomó el micrófono y echó a andar el mitin de protesta del 18 de abril en la escalinata del centro estudiantil; no solo se opuso a la invasión sino que abiertamente se identificó con la Revolución Cubana.

Entre aquellos días de política concentrada y las experiencias similares vividas durante la crisis "de los misiles" de octubre de 1962, reclutamos a decenas de jóvenes al movimiento comunista, a muchos de ellos no solo por unos meses o años, sino de por vida. En la universidad de Carleton, durante ese breve espacio, entre esos reclutas hubo más de una decena que posteriormente fueron dirigentes del movimiento comunista —oficiales nacionales de la Alianza de la Juventud Socialista, oficiales nacionales y miembros del Comité Nacional del Partido Socialista de los Trabajadores, directores del *Young Socialist*, del *Militant* y de *New International*, dirigentes del trabajo del movimiento en los sindicatos industriales, y dirigentes de un sinnúmero de comités de defensa y coaliciones, directores de la editorial Pathfinder— individuos que hasta la fecha siguen comprometidos con el movimiento comunista y se mantienen activos guiados por la trayectoria política a la que fueron captados en aquellos días decisivos. ¡Efectivamente, 40 años después, la gran mayoría de ellos formó parte del proceso de publicar el presente libro!

A través de esas experiencias hace cuatro décadas, no se nos captó fundamentalmente a una posición ideológica o incluso a una actitud moral, sino a un curso de conducta política y, más importante aún, a los hábitos proletarios que son consecuentes con dicho curso. Con sentido de la historia, nos alistamos hasta lo que durara, reconociendo que la lucha revolucionaria por el poder, si bien es una lucha internacional, se puede librar únicamente de país en país, y que posiblemente la victoria más grata de todas se dé en Estados Unidos. Para nosotros, lo que habían conquistado los trabajadores y campesinos cubanos constituía en nuestra propia vida política el ejemplo de la necesidad y la posibilidad de la revolución, no solo de cómo luchar sino de cómo luchar para vencer, de la capacidad de los seres humanos comunes y corrientes para transformarse a la vez que enfrentan desafíos y asumen responsabilidades que antes habrían considerado imposibles.

Nosotros y millones más como nosotros seríamos los únicos capaces de quitarles "la espina". Para hacerlo tendríamos que seguir el ejemplo del Ejército Rebelde en Cuba, cuya lucha culminó en una insurrección nacional en 1959 y que poco después estableció un gobierno de trabajadores y agricultores. Tendríamos que seguir el ejemplo que las milicias, la policía y el ejército revolucionarios habían dado al aplastar la invasión en Bahía de Cochinos.

■

Las páginas de *Playa Girón/Bahía de Cochinos: Primera derrota militar de Washington en América* no son solamente una celebración de la victoria en Playa Girón con motivo de su 40 aniversario. Más bien, con palabras claras e inequívocas, estas páginas dan también fiel constancia de las conquistas históricas allí logradas.

El testimonio ofrecido por José Ramón Fernández en julio de 1999 deriva su fuerza inusual no solo de su carácter como relato testimonial del jefe de la principal columna que combatió y derrotó la invasión organizada por Washington, sino también del hecho que utiliza las principales versiones publicadas por quienes reclutaron, entrenaron y comandaron a las fuerzas enemigas. El señala no solo lo que la dirección revolucionaria de Cuba sabía e hizo en aquel momento, garantizando la victoria decisiva en Playa Girón. Fernández también cita los criterios y las opiniones que emitieron las fuerzas mercenarias mismas, así como los balances trazados por altos funcionarios de la CIA durante los meses y años posteriores a su derrota totalmente inesperada.

Los tres discursos del comandante en jefe de Cuba Fidel Castro, de los que aquí se reproducen extractos, captan la intensidad del momento, lo que estaba en juego para el pueblo de Cuba, y su confianza en la victoria final. Lo mismo se expresa en los llamados al combate del 15 de abril de Raúl Castro y de Che Guevara, y en los partes de guerra emitidos por el gobierno revolucionario entre el 17 de abril y la victoria del 19 de abril. La confianza que caracteriza a cada uno de ellos se desprende, no de una creencia infundada en la invencibilidad militar, sino del reconocimiento de que la historia y la justicia están a su favor, y de que el precio que el imperio habrá de pagar para conquistarles es tan elevado que ningún político capitalista será capaz de hacerlo ni estará dispuesto a intentarlo.

Los gobernantes estadounidenses y los que siguen su pauta aún no pueden comprender, incluso hoy día, lo que Fidel Castro recalcó en su informe del 23 de abril al pueblo cubano sobre la victoria en Playa Girón, y lo que José Ramón Fernández subraya en su testimonio: que la estrategia y las tácticas militares de quienes planearon la invasión por Bahía de Cochinos estaban bien fundadas; la derrota radicó en su ceguera de clase ante lo que habían forjado los hombres y mujeres de Cuba, ante la fuerza *objetiva* de una causa justa y de un pueblo armado y revolucionario que está comprometido a defenderla y a actuar con la firmeza y presteza necesarias para afectar la marcha de la historia.

Las fuerzas invasoras perdieron la voluntad de combatir antes de que se les agotaran las balas. Durante tres días de batalla, ni siquiera pudieron avanzar más allá de la playa, y aun con más apoyo aéreo o naval estadounidense no se habría alterado el desenlace final.

Lo que es más importante, para los que vivimos y trabajamos en Estados Unidos, este libro es sobre el futuro de la lucha de clases aquí. Es sobre los trabajadores y agricultores en el corazón del imperialismo, y sobre los jóvenes que se ven atraídos a su marcha histórica: trabajadores y agricultores cuyas capacidades políticas y cuyo potencial revolucionario las fuerzas gobernantes descartan hoy día de forma tan rotunda como las descartaron en relación con las masas campesinas y proletarias de Cuba. Y de forma igualmente errada.

La victoria de Cuba en Playa Girón marca la primera derrota del imperialismo estadounidense en América. No será la última.

Esa se dará aquí mismo.

'Primero se verá una revolución victoriosa en los Estados Unidos, que una contrarrevolución victoriosa en Cuba'

EN SEPTIEMBRE DE 1960, al dirigirse a la Asamblea General de Naciones Unidas, el primer ministro cubano Fidel Castro anunció al mundo: "En el próximo año, nuestro pueblo se propone librar su gran batalla contra el analfabetismo, con la meta ambiciosa de enseñar a leer y escribir hasta el último analfabeto", o sea, a un millón de cubanos, aproximadamente una tercera parte de la población adulta. Y es precisamente lo que hicieron cuando unos 100 mil jóvenes, en su mayoría adolescentes, fueron al campo a vivir y trabajar junto a familias campesinas.

Hoy celebramos el 40 aniversario de esa conquista histórica.

El 15 de abril de 1961, cuando los mercenarios organizados por los yanquis anunciaron su invasión inminente al bombardear simultáneamente tres aeropuertos cubanos, el gobierno revolucionario movilizó a las milicias populares y a otras unidades militares. En el comunicado que declaró ese esta-

---

Basado en charlas presentadas el 18 de marzo de 2001 en Seattle, Washington, y el 11 de marzo en Nueva York, ante unos 450 participantes en mítines que celebraron el 40 aniversario de la exitosa campaña de Cuba para erradicar el analfabetismo y de la victoria del pueblo cubano sobre el ejército mercenario de Washington en Bahía de Cochinos.

do de alerta, Fidel Castro llamó a cada cubano a "ocupar el puesto que le corresponde en las unidades militares y centros de trabajo", y agregó, en la misma oración, "sin interrumpir la producción, ni la campaña de alfabetización, ni una sola obra revolucionaria".

Cuatro días más tarde, cuando las fuerzas contrarrevolucionarias habían sido derrotadas, el comunicado suscrito por Fidel en que se informa al pueblo cubano de esa victoria estaba fechado de manera demostrativa: "19 de abril de 1961, Año de la Educación".

Ustedes podrán hallar ambos documentos en el nuevo libro de Pathfinder *Playa Girón/Bahía de Cochinos: Primera derrota militar de Washington en América,* cuya publicación en inglés y español también estamos celebrando aquí el día de hoy.

En Cuba, 1961 fue el Año de la Educación en todos los sentidos de esa palabra: la capacidad de aprender, producir, convertirse en un soldado revolucionario más disciplinado, crear, desarrollarse. El Año de la Educación significaba hacer más accesible la cultura. Significaba valentía al perseguir los objetivos humanos más elevados. Significaba tender una mano solidaria a cualquiera que luchara contra la injusticia y la opresión en cualquier parte del mundo. Significaba ofrecer la vida propia a fin de lograr estos objetivos.

Fidel Castro, Ernesto Che Guevara y otros dirigentes de la Revolución Cubana estaban muy conscientes de que el principal obstáculo a la marcha histórica de los trabajadores y agricultores es la tendencia —promovida y perpetuada por las clases explotadoras— del pueblo trabajador a subestimarnos, a subestimar lo que podemos lograr, a dudar de nuestra propia valía. Por eso los revolucionarios en Cuba estaban tan orgullosos de que el esfuerzo de alfabetización había proseguido con un mínimo de interrupciones a medida que se libraba y se ganaba la batalla contra los invasores, una batalla por la vida misma de la revolución. "Ni siquiera en estos días se paralizó la campaña de alfabetización", declaró Fidel Castro en su informe del 23 de abril al pueblo cubano sobre la victoria.

Sin importar lo que un individuo en particular estuviera haciendo durante esos tres días, del 17 al 19 de abril —ya fuera que estuviera destacado en el frente de batalla, trabajando en el campo o en una fábrica, o ayudando a alguien a aprender a leer y escribir— el pueblo cubano sentía el vínculo de una batalla común librada por seres iguales. Un vínculo común que ofrecía una base para la disciplina, una base para la alegría compartida de construir, la alegría de crear, y la alegría de vencer en la batalla sobre aquellos que pretendían destruir todo lo que su revolución estaba haciendo posible.

¡Qué momento para que el pueblo de Cuba anunciara al mundo el carácter socialista de la revolución!

Poco más de un año después, Che Guevara dijo ante el congreso de la Unión de Jóvenes Comunistas —en un discurso que pueden encontrar en el libro de Pathfinder *Che Guevara habla a la juventud*— que los jóvenes comunistas tenían la responsabilidad de ser "los primeros en el trabajo, los primeros en el estudio, los primeros en la defensa del país". Y los felicitó por las tres palabras que habían puesto en el emblema de su organización: estudio, trabajo y fusil.

Son los emblemas de todos los cubanos, dijo Che, emblemas permanentes, no solo pasajeros.

El fusil, porque el progreso hacia la liberación de la humanidad trabajadora no se puede asegurar a menos que las clases explotadoras sepan que estamos dispuestos a defender esas conquistas por los medios que sean necesarios. Esa fue la verdad que se confirmó nuevamente en Playa Girón, y pronto de nuevo fue puesta a prueba y reafirmada durante la crisis "de los misiles" de octubre de 1962.

El trabajo, a menudo representado por una pala o un machete, porque la transformación de la naturaleza por el trabajo humano, el trabajo social, no solo es la fuente de toda riqueza sino que es la base de toda cultura. Sin la pala y el machete, no hay nada que el fusil deba defender.

Y el estudio, representado por el lápiz, un símbolo de la campaña de alfabetización, porque la capacidad de leer y escribir da acceso a las conquistas acumulativas de milenios de esfuerzo humano y abre la puerta a los trabajadores y agricultores para que participen como iguales en todos los aspectos de la vida social y política. Les permite que sean más capaces de transformar la producción y las condiciones de vida y trabajo, más capaces de asumir control de su propio destino.

La campaña de alfabetización fue clave para reforzar la alianza de trabajadores y campesinos sobre la que se fundó Cuba revolucionaria; fue clave para reducir la brecha entre la ciudad y el campo. Los campesinos y sus familias en la Cuba prerrevolucionaria prácticamente no habían tenido oportunidades educacionales. Esto era particularmente cierto para la mujer en las zonas rurales. Así que la campaña de alfabetización fue también un golpe contundente a favor de la emancipación de la mujer.

Un aspecto fundamental de la educación de toda persona de disposición revolucionaria es el proceso de llegar a reconocer el terror, la violencia y la degradación en los cuales los terratenientes y capitalistas basan su dominio. Es una de las lecciones que José Ramón Fernández, jefe militar de la principal columna que repelió a los invasores en *Playa Girón*, subrayó en el testimonio que presentó en julio de 1999 ante un tribunal en La Habana durante el juicio sobre una demanda entablada por el pueblo de Cuba contra el gobierno norteamericano por las miles de muertes y la masiva destrucción física que ha resultado del esfuerzo realizado por Washington durante décadas para destruir la Revolución Cubana.

En 1961, los alfabetizadores voluntarios estuvieron entre quienes fueron blanco de los asesinos y torturadores contrarrevolucionarios desatados por el gobierno norteamericano en Cuba. Como explicamos en el prólogo a *Playa Girón*, para los jóvenes en Estados Unidos durante aquellos años iniciales de la revolución, los despachos de prensa y las fotos que mostraban a "adolescentes cubanos que habían sido linchados por el crimen de enseñar a familias campesinas a leer y escribir" ofrecían una muestra gráfica de los motivos, del verdadero carácter de las fuerzas de clase en contienda, las cuales se enfrentaban no solo en Cuba sino por todo el mundo.

Dichas imágenes confirmaron lo que los jóvenes en Estados Unidos a principios de los años sesenta estábamos aprendiendo acerca de los linchamientos, el terror de los escuadrones nocturnos y la violencia policiaca, tanto local como federal, contra los negros y los luchadores por los derechos civiles. Eso nos ayudó a comprender una realidad de clase: que las golpizas, los casos fabricados, las vejaciones y, sí, las ejecuciones callejeras a manos de la policía forman parte de la vida cotidiana de millones de trabajadores: horrores que a diario recaen desproporcionadamente sobre los negros, los chicanos, los puertorriqueños, otras nacionalidades oprimidas y los inmigrantes. Nos abrió los ojos, de forma lenta pero segura, para reconocer que los gobernantes capitalistas van a desatar el terror fascista ante un desafío a su dominio por parte de los trabajadores y agricultores.

■

La victoria en Playa Girón nos hace recordar el precio que los trabajadores y agricultores debemos estar dispuestos a pagar para librarnos de la explotación y la opresión y, después, para defender esa libertad. Uno no puede dejar de verse afectado por la intrepidez demostrada por decenas de miles de trabajadores y campesinos cubanos, muchos de ellos muy jóvenes: por su valentía y resolución frente a la muerte. Esa es una de las cualidades de un pueblo que está inmerso en una profunda transformación revolucionaria de sus circunstancias y de sí mismo.

Sin embargo, lo notable de los revolucionarios cubanos no es su valentía y resolución frente a la muerte. *Es su actitud ante la vida.* De eso se trataba, ante todo, el arrojo, la disciplina, la valentía que aseguraron el triunfo en Playa Girón.

Por eso, como atestigua José Ramón Fernández, causó tanta sorpresa en Washington, en abril de 1961, "el alcance de la victoria del pueblo cubano". El resultado, señala, "solo se explica por el coraje de un pueblo que vio en el triunfo del primero de enero [de 1959] la posibilidad real de dirigir sus propios destinos, razón por la cual vistió con orgullo el uniforme de las milicias y estuvo alerta y dispuesto a combatir con la firme convicción de vencer".

Es lo que no pudieron entender los gobernantes de Estados Unidos y, aún más importante, *es lo que jamás pueden entender*. No entienden y no pueden entender el alcance de las capacidades de los trabajadores y agricultores que están en lucha, ante todo en una lucha *revolucionaria*. No pueden entender a seres humanos como los milicianos de esa magnífica foto que el periódico *The Militant* publicó esta semana de la Primera Compañía del Batallón 134 celebrando su victoria en Playa Girón.

Si eso no fuera cierto —si la clase dominante pudiese comprender lo que impele a los trabajadores y agricultores a la acción revolucionaria; si entendiesen los objetivos por los que estamos dispuestos a luchar y a morir, o si pudiesen *aprender* a entenderlo— entonces la revolución socialista sería una ilusión. Pero no lo entienden ni pueden entenderlo.

Para justificar la legitimidad de su sistema de explotación ante la vista del conjunto de la sociedad, los gobernantes se valen de la *ideología*. Al contrario de la presunción de la burguesía de ser civilizada y culta, no existen "grandes ideas" ni teorías sociales científicas cuya conclusión inexorable sea que un puñado de familias acaudaladas deba enriquecerse para siempre a costa del trabajo de la mayoría de la humanidad, manteniendo su dictadura de clase mediante la fuerza y la violencia que sean necesarias. No es una ley de la naturaleza ni de economía política.

Los capitalistas en Estados Unidos son particularmente pragmáticos. No tienen teorías ni ideas. Simplemente hacen lo que tienen que hacer para mantener su dominio de clase, y después promueven justificaciones ideológicas de lo que hacen. Estas las ofertan como palabras pegadizas, frases trilladas y burdo norteamericanismo, a través de programas de "noticias", análisis de "noticias", periódicos y programas de entrevistas por radio y televisión.

Pero la ideología burguesa no es una conspiración. No es un complot ingenioso que ellos han tramado. Cuanto más se aproximan las justificaciones de los gobernantes a algo que guarde cierto parentesco con el pensamiento social, más imposible les resulta a ellos y a sus hijos desenredar lo que, como clase, *quieren* y *alegan* que sea cierto de la verdad en sí. Las mismas ilusiones ideológicas predominan entre las capas de clase media y de profesionales que se orientan hacia los gobernantes burgueses y actúan en su nombre.

En *El capital*, en el capítulo titulado "El carácter fetichista de la mercancía y su secreto", Carlos Marx señala que el propio fundamento de las relaciones sociales capitalistas —el hecho que toda ganancia se origina del cambio de mercancías cuyo valor es producto de la transformación de la naturaleza por el trabajo humano y únicamente por el trabajo humano— se esconde detrás de lo que dan por llamar "economía". En realidad no es más que una apología vulgar del dominio burgués. Pero estas autojustificaciones ideológicas se las creen los capitalistas y aquellos a quienes ellos contratan para propagarlas, dice Marx.

"A formas que llevan escrita en la frente su pertenencia a una formación social donde el proceso de producción domina al hombre, en vez de dominar el hombre ese proceso", escribe Marx, "la conciencia burguesa de esa economía las tiene por una necesidad natural tan manifiestamente evidente como el trabajo productivo mismo".

Debido a que la burguesía y sus sirvientes se creen su propia ideología, terminan haciendo estimaciones políticas erradas sobre las capacidades del pueblo trabajador: sobre los trabajadores y agricultores cuyas acciones valientes les permiten comenzar a escapar del dominio de estos fantasmas. Por tanto, en momentos decisivos los gobernantes cometen enormes errores de juicio. Y, al final, es una de las principales razones por las que perderán.

Al paso de los años, a menudo he oído la pregunta: "¿No es cierto que la mayoría de los principales funcionarios de la CIA y de la Casa Blanca sabía realmente que no se produciría un alzamiento del pueblo cubano en respuesta a la invasión de Bahía de Cochinos?" La respuesta es: no. No es tan sencillo. Y vale la pena tomar unos minutos para ver por qué.

Un buen punto de partida es el criterio de Fernández de que "la idea desde el punto de vista estratégico y táctico del enemigo estaba bien concebida". Debemos aceptar esa valoración como absolutamente seria. Contradice, sin embargo, todas las evaluaciones más comunes promovidas durante 40 años por los gobernantes norteamericanos y sus propagandistas a fin de justificar la impresionante victoria cubana. Ellos señalan las supuestas pifias de la CIA, o las pretendidas vacilaciones de Kennedy, o una combinación de ambas cosas.

Fernández rechaza esto. "Los mercenarios venían bien organizados, bien armados, con buen apoyo, pero les faltó la razón, la justeza de la causa que defendían. Por ello no combatieron con el ardor, el valor, la firmeza, el denuedo y el espíritu de victoria con que lo hicieron las fuerzas revolucionarias".

Che Guevara subrayó lo mismo apenas unas semanas después de la victoria en Playa Girón. Lo hizo en una charla que dio el 8 de mayo en un encuentro de trabajadores de la electricidad y milicianos en La Habana. La leí en el avión que me trajo de Nueva York. El *Militant* planea publicar la charla como documento especial en el número del 2 de abril. No se la pierdan; es puro placer.

"La operación [del gobierno norteamericano], desde un punto de vista militar, estaba bien concebida", dijo Che. "Ellos hicieron unos cálculos matemáticos, como si enfrente de ellos estuviera el ejército alemán y ellos vinieran a tomar una cabeza de playa en Normandía". Organizaron la invasión en Bahía de Cochinos "con la efectividad que tienen en esas cosas".

"Pero les faltó medir la correlación moral de fuerzas", dijo Che. "Primero, midieron mal nuestra capacidad de reacción, incluso no solo nuestra capacidad de reacción frente a la agresión, nuestra capacidad de reaccionar ante un peligro y de movilizar nuestras fuerzas y enviarlas al lugar del combate, la midieron mal. Pero además, la capacidad de luchar de cada uno de los grupos".

Los gobernantes estadounidenses, dijo Che, calcularon que necesitaban solo mil hombres para efectuar una invasión exitosa y mantener una cabeza de playa en Cuba. "Pero necesitaban mil hombres que lucharan ahí hasta la muerte", recalcó, y eso no lo tenían. "No se le puede pedir a un hombre que tenía mil caballerías de tierra su papá, y que viene aquí simplemente a hacer acto de presencia para que le devuelvan las mil caballerías, que se vaya a hacer matar, frente a un guajiro que no tenía nada y que tiene unas ganas bárbaras de matarlo, porque le van a quitar sus caballerías . . .

"Siempre se han equivocado con nosotros", puntualizó Che. "Siempre han llegado tarde. Y nunca han tomado una medida que no sirviera para otra cosa que para fortalecer la fe del pueblo en su gobierno, para hacer más militante la revolución, y, en definitiva, para fortalecernos más".

En efecto, los gobernantes estadounidenses *se equivocaron* con los trabajadores y agricultores de Cuba. Los funcionarios de la CIA y de la Casa Blanca esperaban que la fuerza invasora, después de unos cuantos días, desatara alzamientos contra el gobierno revolucionario. Anticipaban, también, que surgiría alguna división entre los oficiales de las fuerzas armadas revolucionarias de Cuba. Por analogía, los imperialistas veían al gobierno en Cuba como una variedad tropical de un régimen estalinista, con la misma fragilidad inherente. Y veían a los cuadros de las Fuerzas Armadas Revolucionarias como una variante radical de una oficialidad latinoamericana burguesa, comparable a aquellos con quienes habían bregado desde hacía mucho.

Hasta apenas cinco semanas antes de la invasión, el plan de la CIA consistía en que la brigada mercenaria desembarcaría cerca de la ciudad de Trinidad. Trinidad yace al pie de la sierra del Escambray, donde las bandas contrarrevolucionarias habían estado más activas. Un memorándum de la CIA aseguró a la administración de Kennedy que una fuerza invasora relativamente grande y decidida en aquella área podría "desmoralizar, se espera, a las milicias e inducir a las deserciones . . . hacer mella en la moral del régimen de Castro, e inducir una rebelión generalizada. Si las acciones iniciales no logran detonar así una rebelión de importancia, la fuerza de asalto se retirará al área montañosa aledaña y continuará las operaciones como una fuerza guerrillera poderosa".

Sin embargo, Kennedy suprimió el plan de Trinidad el 11 de marzo, e insistió en que la CIA propusiera otra opción. Una invasión cerca de una ciudad con una población considerable era políticamente demasiado arriesgada. Las esperanzas de un levantamiento rápido se veían contrarrestadas por la posibilidad de una derrota aun más aplastante. Es más, 40 mil miembros de las milicias revolucionarias de Cuba acababan de completar una exitosa operación de "limpia" en el Escambray, la cual había disminuido mucho el tamaño y radio de acción de las bandas contrarrevolucionarias, a las que de otra forma las fuerzas mercenarias habrían recurrido en pos de ayuda.

Fue entonces que se cambió el sitio de la invasión al área de la Ciénaga de Zapata, cerca de Bahía de Cochinos. El plan consistía entonces en desembarcar en una zona escasamente poblada de la costa, ganar las batallas iniciales, comenzar a avanzar un poco en obtener apoyo popular, fomentar divisiones y proclamar un gobierno provisional. Si eso no daba resultado, se esperaba entonces que la fuerza invasora al menos retuviera una cabeza de playa y un aeropuerto el tiempo suficiente como para extender el reconocimiento diplomático y solicitar el apoyo de la Organización de Estados Americanos, bajo cuyo manto el gobierno norteamericano y sus aliados latinoamericanos más cercanos pudieran intervenir.

Mientras tanto, la urgencia que sentía la administración de Kennedy para tomar medidas se veía acentuada por los informes de la CIA de que el gobierno revolucionario y el pueblo armado de Cuba iban adquiriendo más fuerza. Como lo señaló un memorándum de la agencia, el tiempo no estaba a favor de Washington. Así que con el correr de cada día, la

Casa Blanca seguía adelante con sus planes, haciendo alteraciones constantes.

Esto nos hace recordar la historia de William Randolph Hearst, el patriotero dueño del diario neoyorquino *Journal*. Hacia el final de la última guerra que Cuba libró para independizarse de España, en 1895–98, Hearst comenzó a buscar un pretexto para justificar el ingreso de Washington al conflicto con miras a establecer el dominio colonial norteamericano sobre Cuba. Envió reporteros, dibujantes y fotógrafos a Cuba para que informaran del acontecer. Cuando uno de ellos envió un cable diciendo, "No hay guerra. Solicito retornar", Hearst disparó la respuesta: "Por favor permanezcan ahí. Ustedes produzcan las imágenes, yo produciré la guerra".

Poco después, el 15 de febrero de 1898, el USS *Maine* estalló bajo circunstancias misteriosas en el puerto de La Habana, y Hearst encabezó el ataque con titulares sensacionalistas y páginas de noticias que instaban al pueblo de Estados Unidos: "¡Recordad el *Maine*! Al diablo con España". Para abril, Washington había declarado la guerra a Madrid, lanzando la llamada Guerra Hispano-Norteamericana, que Lenin calificó como la primera guerra de la época imperialista.

Unos 60 años después, poco antes de la medianoche del 16 de abril de 1961, la administración de Kennedy ordenó el desembarco en Bahía de Cochinos del primer grupo de la Brigada 2506, compuesta por 1 500 hombres. Los primeros tiros no los dispararon los contrarrevolucionarios cubanos sino, como era debido, el agente de la CIA nacido en Texas que los acompañaba. Entretanto, Manuel Artime, el títere cubano que la CIA había escogido para que representara lo que según esperaban sería un "gobierno en armas", ¡había agarrado un puñado de tierra en el sitio del desembarco y había empezado a dar un discurso! Hasta la fuerza invasora anticipaba que un buen número de cubanos los recibiría como patriotas. Sucedió que al final solo seis residentes locales se sumaron a la brigada, entre ellos el dueño del bar local y su hijo, así como unos capataces de una obra de construcción.

Kennedy confiaba que la brigada lograría mantener la cabeza de playa el tiempo suficiente para generar la esperada resistencia en Cuba y ganarle tiempo al gobierno norteamericano. Washington mismo aún no estaba preparado militarmente para una invasión. En octubre de 1962, cuando el Pentágono sí estaba listo, ya había empezado a juntar una fuerza de 90 mil efectivos. Esa movilización fue tan extensa que los periodistas empezaron a preguntar sobre los convoyes y las concentraciones de soldados en el Sur, los cuales no podían mantenerse totalmente en secreto. Pero en abril de 1961, Washington solo tenía listos para el combate a unos 2 mil infantes de marina norteamericanos en barcos frente a las costas cubanas, muy lejos de lo que necesitaba para llevar a cabo una invasión.

Los gobernantes norteamericanos demostraron una ceguera de clase en cuanto a las capacidades revolucionarias de los trabajadores y campesinos comunes y corrientes en Cuba (y la siguen demostrando). Sin embargo, no fue así con grupos pequeños de jóvenes en varias ciudades y recintos universitarios en Estados Unidos. Desde el instante en que supimos de la invasión, afirmamos con convicción que, contrario a lo que decían los comunicados de prensa filtrados por la CIA, los mercenarios organizados por Washington serían derrotados. Y nuestra convicción se vio reforzada por trabajadores comunistas experimentados, miembros del Partido Socialista de los Trabajadores, con quienes habíamos empezado a trabajar, y a quienes habíamos llegado a conocer y a confiar.

Esta seguridad en la victoria de los trabajadores y campesinos cubanos no solo era una cuestión de entusiasmo juvenil por una revolución con la que nos identificábamos profundamente. Se basaba en *hechos*. Y aun si no podíamos explicarlo del todo en aquel entonces, *actuábamos* a partir del hecho que reconocíamos que la administración de Kennedy procedía en base a una ideología, y *no* en base a hechos, ya no se diga un programa o una teoría.

Esta realidad de la política de clases solo se puede entender mediante la lucha, y después estudiando, absorbiendo y generalizando las lecciones de numerosas luchas que se dieron con anterioridad. A medida que los trabajadores empezamos a reconocer el grado al que nosotros mismos somos víctimas de la ideología burguesa, a la vez vamos dando zancadas hacia una mayor conciencia de clase.

Reconocer cómo opera el enemigo de clase recalca también por qué es importante que los trabajadores seamos cautos en la burla de ellos. Por supuesto, eso se puede hacer de vez en cuando. En el discurso que dio durante la manifestación del Primero de Mayo en La Habana en 1961, y que aparece en el nuevo libro, Fidel Castro señala "esa gracia . . . ese humorismo con que algunas de las federaciones obreras hicieron aparecer a los ricos en el desfile, frente a esta tribuna, con sus vestidos elegantes y con toda la pepillería que caracterizaba a la juventud de las familias pudientes". ¡Unos camaradas que hicieron un viaje periodístico a Cuba el mes pasado trajeron unas fotos maravillosas, de hace 40 años, de esos contingentes!

Sin embargo, jamás debemos burlarnos de manera que pueda hacer que los trabajadores subestimen cuán serio y despiadado es el enemigo de clase. Me agradó el hecho que unos días antes de que *Playa Girón* fuera a la imprenta, Pathfinder cambió su decisión inicial de incluir en el pliego de fotos una imagen de Richard Bissell —el funcionario de la CIA encargado del operativo de Bahía de Cochinos— con una mano en el timón de su velero y con un trago en la otra.

LIBORIO NOVAL

MINNEAPOLIS TRIBUNE

Arriba: Miles de jóvenes alfabetizadores voluntarios se sumaron a la "Concentración de los lápices" en diciembre de 1961 en La Habana, para celebrar la conclusión exitosa de la campaña de un año para enseñar a leer y escribir a casi un millón de campesinos y trabajadores. **Izquierda**: Mitin de protesta en la Universidad de Minnesota, abril de 1961, contra la invasión de Bahía de Cochinos organizada por Washington, se vio enfrentado por una multitud hostil, entre la cual un pequeño núcleo arrojó bolas de nieve y cartones de leche a los oradores. Los jóvenes partidarios de Cuba revolucionaria aprendieron a defender su derecho a organizarse al tiempo que refutaban los argumentos de los enemigos de la revolución.

"1961 fue en Cuba el Año de la Educación, cuando más de 100 mil jóvenes se esparcieron por todo el país para erradicar el analfabetismo. 1961 fue también nuestro año de la educación".

"**Lo notable de los revolucionarios cubanos no es su valentía y resolución frente a la muerte. *Es su actitud ante la vida*".**

GRANMA

Durante la guerra revolucionaria cubana de 1956–58, los jóvenes combatientes que se ofrecieron para las misiones más peligrosas asumieron orgullosos el nombre de "Pelotón Suicida" (**foto de arriba**). Che Guevara dijo que ellos sirvieron de "ejemplo de moral revolucionaria" para todo el Ejército Rebelde. A la juventud del mundo entero le dieron un ejemplo de disciplina, valentía abnegada y alegría de vivir. **Izquierda**: El primero de enero de 1959, el pueblo trabajador cubano en La Habana se volcó a las calles para asegurar el triunfo de la revolución y celebrar la caída del régimen batistiano respaldado por Washington.

LEE LOCKWOOD

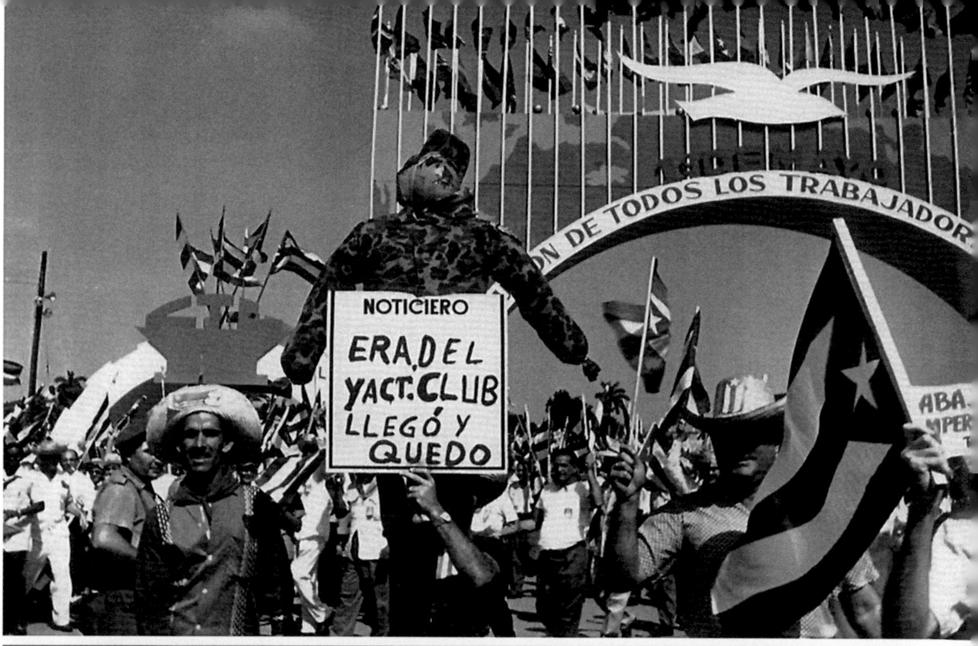

GRANMA

JOSEPH HANSEN / MILITANT

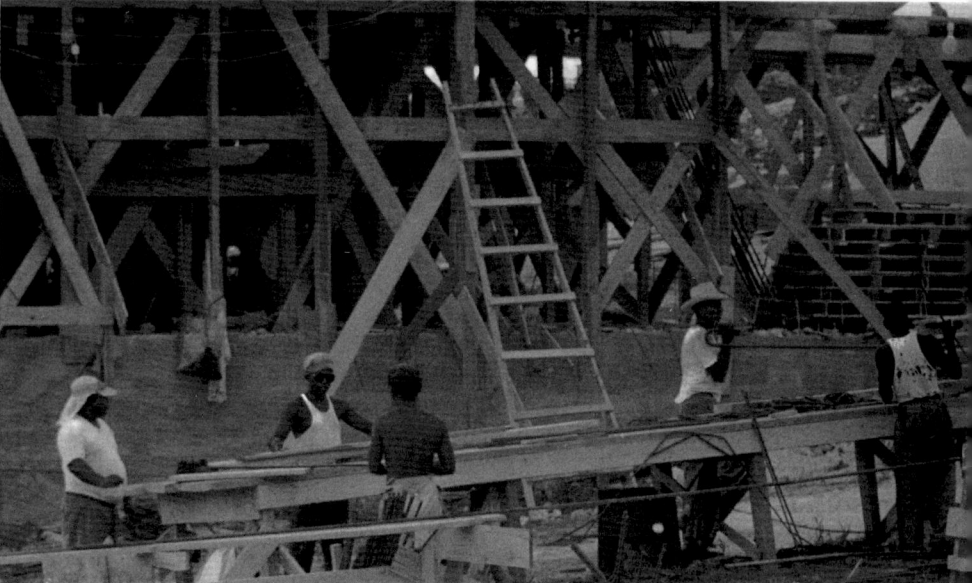

Con la clase trabajadora en el poder, se comenzó a movilizar el potencial creador de los trabajadores a fin de satisfacer las necesidades sociales y transformar las relaciones sociales. **Esta página, abajo**: Brigada de trabajo voluntario construye viviendas en el campo, 1960. **Arriba**: Mitin del Primero de Mayo en La Habana en 1961, menos de dos semanas después de la victoria en Playa Girón. Con su humor característico, los trabajadores cubanos llevan la efigie de un mercenario capturado que frecuentaba los exclusivos clubes sociales de la Cuba prerrevolucionaria. El cartel hace eco de la advertencia de Fidel Castro para cualquier posible invasor: "¡Si vienen, quedan!"

"La lucha de masas de base proletaria para derrocar el sistema Jim Crow de segregación racial legal en todo el Sur marchaba hacia sangrientas victorias a la vez que avanzaba la Revolución Cubana. Podíamos constatar en la práctica que dentro de Estados Unidos existían fuerzas sociales poderosas capaces de llevar a cabo una transformación social revolucionaria como la que el pueblo trabajador de Cuba estaba haciendo realidad".

Arriba: Policías de Alabama azuzan perros de ataque contra militantes defensores de los derechos de los negros durante la "Batalla de Birmingham", abril de 1963. **Abajo**: Manifestantes pro derechos civiles presos, detenidos detrás de la cárcel de Albany, Georgia, julio de 1962.

Abajo: Una multitud agita banderas cubanas frente al Hotel Theresa en Harlem, Nueva York, saludando a la delegación del gobierno de Cuba, septiembre de 1960, cuando Fidel Castro habló ante Naciones Unidas.
Arriba: Durante su visita, Castro fue recibido por Malcolm X. La "postura revolucionaria intransigente de Malcolm convergía cada vez más con la trayectoria de la Revolución Cubana".

"Primero se verá una revolución victoriosa en los Estados Unidos, que una contrarrevolución victoriosa en Cuba".
FIDEL CASTRO, MARZO DE 1961

Arriba: Huelguistas se enfrentan con policías y asistentes especiales de alguaciles durante la huelga de los camioneros Teamsters en Minneapolis, 1934. A través de esta y otras cruentas batallas de sindicalización en los años treinta, se forjó un liderazgo de lucha de clases de los Teamsters en la región norte-central del país. Este trazó un rumbo político independiente de los explotadores capitalistas y sus partidos, y contra su marcha hacia el fascismo y la guerra imperialista. **Abajo**: La Guardia de Defensa Sindical del Local 544 de los Teamsters, 1938, se formó para responder a las crecientes amenazas de fuerzas fascistas financiadas por los patrones en Minnesota.

"Estábamos aprendiendo lecciones sobre la violencia y la brutalidad de la clase dominante y hasta qué extremos llegará a fin de defender su propiedad y sus privilegios. Y también estábamos aprendiendo lecciones de la autodefensa armada organizada por veteranos del ejército negros como los de Monroe, Carolina del Norte". Las unidades de autodefensa de Monroe que rechazaron el terror del Ku Klux Klan (**arriba**) fueron organizadas por Robert F. Williams (**abajo**), presidente del capítulo local de la NAACP y luego dirigente nacional del Comité Pro Trato Justo a Cuba. Titular del periódico dice, "Ciudadanos devuelven el fuego al Ku Klux Klan".

KEN MCLAUGHLIN/SAN FRANCISCO CHRONICLE

AP/WIDE WORLD PHOTOS

"Como preludio de lo que sucedería en el movimiento contra la guerra de Vietnam, las operaciones de caza de brujas del gobierno, lejos de paralizar los esfuerzos organizativos, pasaron a ser objeto de burlas y desprecio".

Página opuesta: La policía empleó cañones de agua contra una manifestación de 5 mil estudiantes frente a la alcaldía de San Francisco, 13 de mayo de 1960. Estos protestaban contra las audiencias del Comité de la Cámara de Representantes sobre Actividades Anti-Americanas (HUAC). Los manifestantes fueron arrastrados y detenidos en la escalinata de la alcaldía.

Arriba: Unos 500 estudiantes del Los Angeles City College escuchan en 1964 a Tom Morgan, uno de los tres miembros de la Alianza de la Juventud Socialista a quienes les habían fabricado cargos de sedición. Durante la crisis "de los misiles" de octubre de 1962, los militantes de la AJS en la Universidad de Indiana en Bloomington habían ayudado a organizar un mitin de protesta contra las maniobras de guerra de Washington. Una gran multitud hostil hizo frente a los manifestantes, varios de los cuales fueron agredidos por matones derechistas. Unos meses después Morgan y otros dos militantes de la AJS fueron encausados bajo cargos —basados exclusivamente en un discurso dado en una reunión pública patrocinada por la AJS en la universidad— de congresarse para abogar por el derrocamiento violento del gobierno del Estado de Indiana. La AJS ayudó a encabezar una exitosa campaña de defensa que le asestó un golpe más a la caza de brujas anticomunista.

Abajo: Manifestación de 15 mil personas en San Francisco, 12 de octubre de 1968, contra la guerra de Vietnam. La marcha estuvo encabezada por un contingente de 500 soldados en servicio activo, quienes se ven en esta foto.

"Esta revolución, en caso de ser marxista, lo es porque descubrió, por sus propios métodos, los caminos que señalara Marx".
CHE GUEVARA, JULIO DE 1960

Página opuesta, arriba: Che Guevara pronuncia el discurso inaugural del Primer Congreso Latinoamericano de Juventudes en La Habana, julio de 1960. Mientras los participantes del congreso se sumaron a las movilizaciones populares que expropiaron las industrias de propiedad imperialista ese verano, jóvenes de toda América y del mundo pasaron largas horas debatiendo las cuestiones políticas y teóricas que planteaba la Revolución Cubana. **Abajo**: El congreso juvenil se inauguró durante la celebración nacional cubana del 26 de julio, realizada en 1960 en la Sierra Maestra, a la que llegaron miles de personas, como se aprecia en la foto.

Jóvenes en Estados Unidos que se sentían atraídos a la Revolución Cubana dieron ímpetu a la posibilidad de protestas unificadas cuando los mercenarios organizados por los yanquis invadieron por Bahía de Cochinos. **Esta página, arriba**: Concentración en Nueva York, 20 de abril de 1961, en respuesta a la invasión de Bahía de Cochinos, exige: "¡Manos yanquis fuera de Cuba!" **Abajo**: Tres jóvenes norteamericanos que estuvieron entre los asistentes al congreso (en el centro, desde la izquierda), Arnie Kessler, Jack Barnes y Fred Sweet, quienes aparecen aquí con el miliciano cubano Juan González Díaz (izquierda); el fotógrafo, George Tselos, fue un cuarto participante de Estados Unidos.

"Las capacidades políticas y potencial revolucionario de los trabajadores y agricultores en el corazón del imperialismo las descartan hoy día las fuerzas gobernantes de forma tan rotunda como descartaron las de las masas campesinas y proletarias de Cuba. Y de forma igualmente errada".

MIC SMITH/CHARLESTON POST AND COURIER

CRAIG BORCK/PIONEER PRESS

Izquierda, arriba: Mineros del carbón en huelga en Nuevo México participan en mitin en la mina McKinley, propiedad de la Chevron, en la Nación Navajo, junio de 2000. **Abajo**: Una multitud airada colma las cámaras del consejo municipal, abril de 2001, en Cincinnati, Ohio, en protesta contra la muerte de Timothy Thomas, de 19 años, a manos de la policía. Thomas fue el decimoquinto hombre negro asesinado por la policía de esa ciudad desde 1995. **Esta página, arriba**: La policía agrede a cientos de trabajadores portuarios sindicalizados en Charleston, Carolina del Sur, 20 de enero de 2000, quienes protestaban contra la descarga de un buque por trabajadores no sindicalizados. La acción se dio días después de una marcha de 50 mil personas que condenó el uso de la bandera de guerra de los Confederados encima del edificio legislativo estatal. **Abajo**: Trabajadoras oriundas de Somalia, miembros del sindicato de empleados de hoteles y restaurantes, realizan piquete en Minneapolis durante su victoriosa huelga en junio de 2000.

"**Los trabajadores, agricultores y las masas trabajadoras explotadas de todos los países compartimos los mismos enemigos de clase: las clases dominantes imperialistas y los terratenientes y capitalistas nacionales dominados por el imperialismo. Esos son los únicos 'nosotros' y 'ellos' que entrañan significado alguno para el pueblo trabajador**".

Izquierda, arriba: Policías antimotines indonesios en Yayapura, Papúa Occidental, atacan a manifestantes que exigen el cierre de la gigantesca mina estadounidense del cobre responsable de envenenar el aire, el suelo y el agua de la región, marzo de 2006. **Abajo**: El pueblo trabajador de Venezuela se vuelca desde sus barrios en Caracas y demás ciudades para derrotar un golpe de estado instigado por Washington contra el gobierno del presidente Hugo Chávez, abril de 2002. **Esta página, arriba:** La fábrica DIN de cigarrillos en Nis, Yugoslavia, tras uno de los bombardeos diarios realizados por aviones norteamericanos durante la guerra de 87 días, 1999. **Abajo**: Médicos voluntarios cubanos en Sudáfrica, 2000.

Miembros de la Primera Compañía del Batallón 134 de milicianos celebran la victoria en Playa Girón, abril de 1961. **Derecha**: Titular del semanario socialista *The Militant* en respuesta a la invasión de Bahía de Cochinos en que se lee, "Cese el crimen contra Cuba". El ejemplo revolucionario de los trabajadores y campesinos cubanos ayudó a captar a muchos jóvenes norteamericanos a la Alianza de la Juventud Socialista, para marchar, luchar, estudiar y trabajar en la vanguardia del movimiento obrero por toda la vida.

"A través de esos días de política concentrada que culminaron con la victoria en Playa Girón, a una capa de jóvenes en Estados Unidos no se nos captó fundamentalmente a una posición ideológica o incluso a una actitud moral, sino a un curso de conducta política y, más importante aún, a los hábitos que son consecuentes con dicho curso. Con sentido de la historia, nos alistamos hasta lo que durara".

No es que la foto diera una imagen falsa de Bissell. Como muchos otros funcionarios en los niveles superiores de la CIA, procedía de una familia adinerada y se había educado en exclusivas escuelas privadas y universidades de la *Ivy League* (Liga de la Hiedra), como Groton y Yale. Igual que John F. Kennedy y Robert F. Kennedy —ambos de una familia mucho más adinerada y de la clase dominante— Bissell era también un demócrata liberal, un marinero y un hombre de cócteles.

La selección de la foto original, sin embargo, pudo haberse interpretado como si implicara la noción falsa de que el operativo de la CIA de Bahía de Cochinos fue un espectáculo de aficionados. *Pero no lo fue.* Fernández y Guevara tienen razón: dadas las fuerzas que la CIA tenía a su disposición, la invasión estuvo bien concebida y fue bien ejecutada desde la óptica de la estrategia y táctica militares. Es más, funcionarios de carrera para la clase gobernante como Bissell no eran gente de poca monta. Ellos invirtieron muchos meses y largas horas —"no remuneradas", si se quiere— al preparar el plan; como los revolucionarios profesionales, ellos no tienen concepto de "horas extras". El ataque que Bissell planeó fue una operación criminal en la que fueron asesinados unos 180 cubanos, 300 resultaron heridos o lisiados y se ocasionaron daños físicos considerables. Para los trabajadores eso es lo importante de cómo Bissell pasó su tiempo en 1960–61, no su tiempo de ocio al timón de un velero o echándose un trago cuando no trabajaba.

Ese es uno de los falsos conceptos sobre Bahía de Cochinos que queremos ayudar a contrarrestar con el nuevo libro. La batalla no la perdieron debido a una *chapucería* de la sección de operativos de la CIA; la *ganaron* los trabajadores y campesinos de Cuba revolucionaria. Lo que llevó a aquel desenlace no fue la incompetencia militar de los gobernantes imperialistas, algo que posiblemente —y rápidamente— podrían mejorar; sino su ceguera política de clase, algo que no pueden cambiar. Y esa ceguera iba desde la Casa Blanca, pasaba por la CIA, por los moldeadores liberales de opinión pública, hasta llegar al liderazgo de la propia brigada mercenaria.

La justificación más común en los círculos burgueses sobre la derrota norteamericana en Bahía de Cochinos es que Kennedy vaciló en la víspera de la invasión al cancelar una segunda serie de incursiones aéreas la mañana del 17 de abril. En aquel momento, Bissell había sido uno de los más fervientes partidarios de esos ataques tipo "Día D", que se suponía debían destruir los aviones de combate que aún quedaban en Cuba. Sin embargo, en sus memorias, publicadas poco después de su muerte a mediados de la década de 1990, Bissell descarta a los críticos que "le imputan todo a la decisión del presidente de cancelar el ataque aéreo a última hora". Esa decisión por sí sola "no habría asegurado el éxito", dice. "Nadie podría afirmar lo contrario".

Sí, "nadie podría". Especialmente a la luz del hecho que aun los ataques aéreos iniciales —cuando las fuerzas instigadas por Washington contaban con el elemento sorpresa— solo lograron destruir dos de los doce aviones de combate de Cuba. Para cuando llegó el momento en que debían haberse intentado los bombardeos del 17 de abril, la Fuerza Aérea Revolucionaria ya se encontraba en alerta máxima de combate, sus aviones ya habían sido separados más aún, y en torno a todas las pistas aéreas cubanas se habían reforzado las baterías antiaéreas y otras medidas defensivas.

Fidel Castro tomó la decisión estratégica correcta la primera mañana de la invasión de ordenar a la fuerza aérea que se concentrara en hundir los barcos de municiones y suministros de los mercenarios, misión que los pilotos cumplieron con un éxito impresionante. Sin embargo, es un mito la versión de que para el último día de la batalla los gusanos ya no tenían con qué pelear salvo los dedos y los puños. ¡Ciertamente tenían más armas y parque de los que jamás tuvo el Ejército Rebelde durante la guerra revolucionaria contra Batista!

"¿Qué balas eran las que nosotros disponíamos de reserva" en aquellos años?, preguntó Fidel en su informe del 23 de abril sobre la victoria en Playa Girón. "Los campesinos se dedicaban a recoger las balas que dejaban las columnas enemigas, y esas balas nos las llevaban a nosotros para pelear".

En comparación, dijo Fidel, lo único que el pueblo cubano tenía que hacer era ir a la Plaza Cívica de La Habana y ver "cañones antitanques, morteros de todo tipo, bazukas, armas automáticas y parque, equipos de comunicaciones, en cantidades enormes" que se habían capturado.

Como concluye el prólogo de *Playa Girón*, "Las fuerzas invasoras perdieron la voluntad de combatir antes de que se les agotaran las balas. Durante tres días de batalla, ni siquiera pudieron avanzar más allá de la playa, y aún con más apoyo aéreo o naval estadounidense no se habría alterado el desenlace final". El grueso de los cuadros y oficiales de la brigada se había dispersado individualmente por el monte tres o más horas antes de la rendición final al caer la tarde.

Fue el carácter de clase de las fuerzas y de su causa lo que marcó la diferencia en Playa Girón, no los ataques aéreos ni las municiones. Puede que algunos de los mercenarios se hayan convencido de que se habían sumado a una cruzada noble, y muchos usaron palabras altisonantes para arropar su objetivo de retomar "sus" fábricas, plantaciones, casinos, escuelas exclusivas, clubes campestres, playas y sirvientes. Sin embargo, al fin y al cabo, como dijo Che, los ejércitos modernos no pelean abnegadamente y hasta la muerte para restaurar la propiedad capitalista.

En cambio, los cuadros de las milicias populares, la Policía Nacional Revolucionaria, el Ejército Rebelde y la Fuerza Aérea Revolucionaria en Playa Girón estaban luchando por un objetivo por el cual valía la pena darlo todo: algo que estaba transformando la *vida* de la gran mayoría. Estaban peleando para defender lo que habían logrado a través de dos años y medio de una revolución profundamente popular y las formas en que ellos mismos se venían transformando como parte del proceso. Estaban luchando para defender la redención de la soberanía nacional y la dignidad de Cuba del imperialismo norteamericano y sus explotadores, los dueños de fábricas, terratenientes y operadores de prostíbulos y casinos. Luchaban para defender la reforma agraria; la campaña de alfabetización y la educación pública universal; el cumplimiento de las leyes contra la discriminación racial; los recortes de los alquileres y de las tarifas de los servicios públicos; las medidas tendientes a involucrar más profundamente a las mujeres y a los jóvenes, junto con los trabajadores y campesinos, en todos los aspectos de la vida económica, social, política y militar; la solidaridad internacionalista con las luchas del pueblo trabajador por toda Latinoamérica y el mundo.

Ese es el tipo de ejército que puede resistir grandes sacrificios y combatir hasta la muerte. Es el tipo de ejército que no va a generar dudas autodestructoras sobre los objetivos por los que está luchando. Es el tipo de ejército que hace que el enemigo, de forma lenta pero segura, se dé cuenta que no va a dejar de combatir, pase lo que pase.

Eso es lo que resulta tan revelador del relato de Fidel, en el discurso del Primero de Mayo de 1961, acerca de su reunión unos días después de la batalla con mercenarios capturados, cuando les preguntó si alguno de ellos alguna vez había cortado caña. Solo uno alzó la mano.

Bajo ciertas circunstancias, claro está, una fuerza abruma-

"Las fuerzas invasoras perdieron la voluntad de combatir antes de que se les agotaran las balas".

Arriba: Combatientes revolucionarios en Playa Girón. Fidel Castro está al centro, con lentes. A la izquierda, detrás de Castro, está José Ramón Fernández, quien comandó la principal columna de las fuerzas revolucionarias. **Abajo**: Mercenarios capturados después de la batalla. De los 1 500 invasores, se rindieron casi 1 200.

dora con una causa injusta puede arrasar a una fuerza pequeña que defiende una causa justa. No pretendo aquí desestimar las realidades materiales. Pero eso no sucede bajo condiciones de una revolución socialista que se consolida y se fortalece, y que se basa en un pueblo trabajador armado y dispuesto. Es *ésta* la razón por la que los invasores "perdieron" la voluntad de combatir. La perdieron a golpes.

■

El comprender esto políticamente nos ayuda también a reconocer de dónde viene la disciplina revolucionaria. La disciplina eficaz jamás se puede imponer principalmente desde afuera. A muchos trabajadores jóvenes, la palabra *disciplina* al principio les hace sentirse un poco incómodos, me parece, ya que en la sociedad capitalista usualmente la disciplina se asocia con la autoridad abusiva, impuesta desde afuera, de padres, maestros y agentes contra el ausentismo escolar, predicadores y curas, capataces y supervisores, o policías, tribunales y supervisores de libertad condicional. Es algo que nos imponen, a fin de doblegar nuestro espíritu y volvernos sumisos a las normas y valores que exija el capital.

Pero la disciplina revolucionaria, la disciplina proletaria, es algo que viene desde adentro: algo que los trabajadores que piensan y actúan a iniciativa propia emprenden y a lo que se someten voluntariamente con el objetivo de alcanzar metas comunes. Es algo que nos imponemos nosotros mismos: una respuesta que se ofrece libremente a partir de nuestro entendimiento político de que una estructura centralizada es esencial para lograr objetivos sociales que trascienden el momento y que trascienden la vida de cualquier individuo.

José Ramón Fernández ofrece un ejemplo convincente. Describe la situación al final de la tarde el último día de la batalla, el 19 de abril, cuando prácticamente se había conquistado la victoria. Menos de dos horas antes de tomar Playa Girón, las fuerzas de Fernández divisaron destructores norteamericanos bien adentro de las aguas territoriales cubanas que se acercaban a la costa. Fernández ordenó a las tropas que detuvieran su avance sobre la playa y que enfilaran sus tanques, cañones y otras armas pesadas hacia el mar.

La única manera que tenía de informar a Fidel era enviando un mensajero al Central Australia: no tenían comunicación telefónica o radial ni *walkie-talkies*. Pero en el central había un teléfono que todavía funcionaba y desde el cual se podía transmitir un mensaje al comandante en jefe, quien se hallaba en otro sector del frente. "Mándeme un batallón de infantería y un batallón de tanques, que se está produciendo un nuevo desembarco", dice Fernández que escribió.

Mientras tanto, Fernández estaba solo al tomar la decisión de cómo responder; no había nadie de grado superior a quien acudir para pedirle órdenes. Cuando los destructores bajaron al agua las lanchas de desembarco y los botes de remos, ordenó a las tropas que dispararan contra las embarcaciones pequeñas con todos los medios disponibles. "No así contra los destructores norteamericanos", dijo Fernández, "como sugerían muchos de nuestros combatientes enardecidos por el combate y teniendo en cuenta las bajas que nos habían causado . . .

"Deben imaginar cuán difícil decisión: impedir que nuestras fuerzas hicieran fuego contra los verdaderos invasores. Pero estaba consciente que, aunque pareciera un acto de debilidad frente a mis subordinados, era lo que correspondía hacer, lo que convenía a la Revolución". De haber disparado contra los destructores se le habría dado a Washington el pretexto que buscaba para justificar un ataque abierto, causando un "daño irreparable a la Revolución, a la Patria".

Los destructores norteamericanos no tardaron en salir de

nuevo hacia alta mar, reconociendo que la batalla estaba perdida y que un intento de evacuación era imposible, dejando abandonados a sus hermanos carnales. Las fuerzas de Fernández tomaron Playa Girón poco después. Hora y media después de que había enviado al mensajero al central azucarero, "después de haber terminado las acciones combativas, la respuesta de Fidel: 'Lo que se te quieren es escapar, agárralos'". Era eso lo que las fuerzas bajo el mando de Fernández habían hecho. Y los destructores no lograron rescatar a uno solo de los invasores.

Al recordar esa experiencia, Fernández admite que sintió un poco de vergüenza por no haber reconocido que los mercenarios y sus patrocinadores norteamericanos no estaban en condiciones de efectuar un segundo desembarco después de la paliza que habían recibido por tres días. "Sobrevaloré el ímpetu combativo del enemigo", dice.

Sin embargo, la disciplina que se demostró en esa situación —no solo por parte de Fernández sino de los jóvenes soldados que cumplieron su orden sin pensar necesariamente que era correcta— fue decisiva para asegurar la victoria. Es un modelo para otros revolucionarios.

Es un error que alguno de nosotros piense que no vamos a enfrentar pronto una situación similar aquí en la lucha de clases en Estados Unidos. En realidad, más que cualquier otra cosa, el relato de Fernández me hizo recordar un caso similar que aparece en *Rebelión Teamster* contado por Farrell Dobbs, un dirigente central de las huelgas del sindicato Teamster en 1934 en Minneapolis. Dobbs llegó a ser uno de los dirigentes comunistas más destacados en Estados Unidos y fue secretario nacional del Partido Socialista de los Trabajadores por casi 20 años.

"Lo más difícil que jamás hice en mi vida", escribió Farrell, fue ayudar a otros dirigentes del Local 574 de los Teamsters para que confiscaran las armas de sus compañeros de lucha más cercanos, a quienes les tocaba ir a hacer guardia en la línea de piquetes en julio de 1934, a los pocos días de que la policía había acribillado a unos trabajadores desarmados. Dos trabajadores habían sido asesinados y unos 70 huelguistas y transeúntes habían resultado heridos.

"Esta era una situación donde la dirección central de la huelga" —Farrell, que aún no cumplía 30 años, estaba entre los más jóvenes— "tenía que actuar de forma rápida y resuelta. De lo contrario, huelguistas impulsivos en busca de un enfrentamiento con la policía podrían haber infligido daños irreparables a la causa del sindicato... Como era de esperarse, tuvimos varias disputas fuertes y una que otra descripción poco halagüeña de nuestra actitud.

"Pero al final", dijo Farrell, "se entregaron las armas, gracias a las ya bien establecidas normas de disciplina del sindicato y a la autoridad que nos habíamos granjeado como dirigentes" en batallas anteriores.

La disciplina no es, fundamentalmente, una cualidad militar. Tampoco es principalmente una cuestión organizativa o administrativa. Es una de las cuestiones más profundas de la *política obrera*. Es el reconocimiento por parte de un número creciente de trabajadores y agricultores de que necesitamos estructuras centralizadas —sindicatos de lucha de clases, un ejército revolucionario y sobre todo un partido comunista proletario— para poder unirnos, luchar de forma eficaz, organizar repliegues y avanzadas, y vencer. Y sin que cada militante individual se someta incondicionalmente a la disciplina, esa victoria no vendrá.

Los trabajadores y agricultores no tenemos la riqueza, las instituciones educativas o de prensa, ni el poderío militar del gran capital. Sin embargo, a la clase obrera y a nuestros aliados explotados el centralismo revolucionario —si trabajamos juntos para forjarlo y nos acostumbramos a él— nos permite aprovechar y desplegar las armas que sí tenemos: la solidaridad y la imaginación.

■

Una frase en el prólogo de *Playa Girón*, más que cualquier otra, capta políticamente lo que espero que cada uno de nosotros se lleve de esta reunión hoy. Es de un discurso que Fidel Castro dio el 13 de marzo de 1961, mientras Washington aceleraba su campaña de terror dirigida a derrocar a la Revolución Cubana. La charla conmemoraba el cuarto aniversario del asalto armado organizado por el Directorio Revolucionario contra el Palacio Presidencial del dictador apoyado por Washington, Fulgencio Batista, y en el que cayó el dirigente estudiantil José Antonio Echeverría.

Hay algo que el pueblo cubano "sí podemos comunicarle al señor Kennedy", dijo Castro ante una multitud que lo ovacionaba. "Que primero verá una revolución victoriosa en los Estados Unidos, que una contrarrevolución victoriosa en Cuba".

Estamos convencidos de que esta frase es tan correcta hoy como lo fue en 1961. No es una predicción: no es una palmada de aliento en la espalda. Significa reconocer cómo funciona el capitalismo, la línea de marcha del pueblo trabajador y la capacidad comunista del movimiento revolucionario en Cuba. Para los revolucionarios en Estados Unidos, en Cuba y en el resto del mundo, esto plantea de forma aguda la famosa pregunta de Lenin: ¿Qué hacer?

La aseveración de Fidel dice mucho de la Revolución Cubana: y, si uno lo piensa, dice más aún 40 años después de lo que planteó en aquel momento. ¡Y ya decía bastante en 1961! Hoy sabemos que la revolución en Estados Unidos va a ocurrir *después* de que Fidel y la generación que organizó y dirigió la Revolución Cubana ya no sean parte de la dirección en Cuba. Así que cuando decimos que esa declaración se mantiene vigente hoy día, estamos diciendo algo acerca del lugar que ocupa la lucha por la continuidad del liderazgo revolucionario no solo en Cuba sino sobre su relación con la continuidad y la renovación del liderazgo comunista en Estados Unidos y en el resto del mundo.

En sus memorias, Richard Bissell informa que durante las discusiones de alto nivel en la Casa Blanca sobre los planes de invasión en 1961, el secretario de estado Dean Rusk, valiéndose de su amplia experiencia, solía preguntar si "no había algo que se pudiera hacer con 'balas de plata'". Dicho de forma llana, ¿no era posible comprar a un número considerable de dirigentes cubanos? "Tenía la impresión que aún en una operación clandestina bien manejada, uno debía intentar sobornar a sus enemigos en vez de combatirlos".

Bissell comenta entonces, sin ofrecer explicación, que "desafortunadamente, esto no habría funcionado en Cuba".

Tenía razón, ¿pero por qué no habría funcionado? Había funcionado casi en todas partes. La razón tiene que ver con el hecho que el imperialismo yanqui no supo valorar a los trabajadores y campesinos de Cuba. Los gobernantes norteamericanos operaban en base a analogías falsas a todos los niveles. Actuaban a partir de las distorsiones que percibían a través de los lentes de su clase. Ese hecho nos ayuda a comprender por qué el curso de la Revolución Cubana y las posibilidades de la revolución norteamericana que viene han estado tan ligados por más de cuatro décadas. Esto subraya la continuidad indispensable del movimiento obrero revolucionario que se remonta a la revolución bolchevique de octubre de 1917 en Rusia y, aun antes, a la fundación del comunismo moderno y a la labor de un partido comunista internacionalista en la época de Carlos Marx y Federico Engels hace 150 años.

Ante todo, si las "balas de plata" pudiesen haber funcionado en Cuba, entonces tendríamos que concluir que aquella declaración que Fidel dirigió al señor Kennedy en marzo de 1961, no era una declaración de hechos sino sencillamente un artículo de fe, no una trayectoria de acción revolucionaria sino una exhortación, solo una bravuconada, apenas un intento de puja en el precio.

■

El prólogo del nuevo libro, *Playa Girón*, se basa en gran parte en la historia de la actividad que varios jóvenes —yo era uno de ellos— llevamos a cabo en un recinto universitario de Minnesota en los meses previos a la invasión de Bahía de Cochinos, así como durante y después de ella. Creímos que merecía dejar constancia de esas experiencias, puesto que son un ejemplo concreto de cómo el avance de la Revolución Cubana ha estado entrelazado con la lucha de clases en Estados Unidos y con la construcción del movimiento comunista aquí.

Los revolucionarios en Cuba se interesan mucho al saber que los grandes momentos en su historia han tenido un impacto político en la juventud y el pueblo trabajador en este país. Y a menos que averigüen sobre esos momentos de otros revolucionarios, cuentan con pocas vías para hacerlo. Eso es algo que Mary-Alice Waters, Martín Koppel y yo descubrimos en octubre de 1997, cuando realizamos tres de las entrevistas que aparecen en el libro de Pathfinder, *Haciendo historia*.

Las entrevistas se habían planeado con anterioridad de modo que pudiéramos reunirnos con tres generales de las Fuerzas Armadas Revolucionarias de Cuba quienes habían sido dirigentes de las fuerzas de combate que derrotaron a los invasores en Playa Girón. Uno de ellos era José Ramón Fernández. (A propósito, es por eso que *Haciendo historia* es lectura obligada para toda persona a la que le guste el libro que estamos lanzando hoy aquí.) Sin embargo, sucedió que las entrevistas las terminamos realizando el mes en que se conmemoraba el 35 aniversario de la crisis "de los misiles" de octubre. Y así vimos que estos tres internacionalistas cubanos se interesaron mucho en las protestas y otros esfuerzos para divulgar la verdad que los comunistas y otros partidarios de la Revolución Cubana en Estados Unidos habíamos organizado durante aquellos peligrosos días de 1962. De igual forma en que se interesaron por saber del trabajo que habíamos organizado un año y medio antes en respuesta a la invasión de Bahía de Cochinos.

Debemos recordar que apenas días después de su derrota en Playa Girón, la administración Kennedy comenzó a hacer planes para una fuerza invasora de decenas de miles de soldados para atacar a Cuba. La invasión sería la culminación de un programa escalonado de ataques encubiertos aéreos y marítimos, actividades terroristas, sabotaje económico y asesinatos. Para fines de 1961 estos planes se habían formalizado como la Operación Mangosta, a cuyo cargo se designó formalmente al general de brigada Edward Lansdale. Sin embargo, esta vez la operación se organizó directamente desde la Casa Blanca, bajo la supervisión del hermano del presidente, Robert F. Kennedy, quien era el procurador general.

"La participación de Robert Kennedy en la organización y dirección de Mangosta llegó a ser tan intensa", dice Bissell en sus memorias, "que más bien podría haber sido el subdirector de planes" —ese era el título oficial del propio Bissell en la CIA—, un eufemismo para el jefe de los operativos encubiertos de la agencia.

"La Operación Mangosta fue una actividad paramilitar más

ambiciosa y masiva de lo que había sido Bahía de Cochinos", continúa Bissell. "Involucró a un número mucho más considerable de personal, así como incursiones relámpago... La Operación Mangosta la observaba de cerca el jefe de estado [el presidente Kennedy], y todas las acciones recibían su autorización explícita".

Uno de los "memorandums para dejar constancia" de la Operación Mangosta recientemente desclasificados recoge una reunión de marzo de 1962 en la Oficina Oval para analizar un plan para asesinar a Fidel Castro durante una visita a la antigua casa de Ernest Hemingway cerca de La Habana. El memorándum, redactado por Lansdale, informó que había un "acuerdo de que el asunto era *tan delicado y sensible* que ni siquiera debía comunicársele al Grupo Especial" —el grupo conjunto integrado por la CIA, el Pentágono y la Casa Blanca, presidido por Robert Kennedy, que supervisaba la Operación Mangosta— "sino hasta que estuviéramos listos para hacerlo, y aun entonces sin detalles. Señalé que todo esto tenía que ver con *fraccionar al régimen"*, frase en clave que significa asesinato.

"De suceder", concluía el memorándum, "se podría propagar rápidamente como reguero de pólvora, como en el caso de Hungría, y debemos estar preparados para ayudarlo a que logre nuestra meta que consiste en una Cuba libre de un gobierno comunista".

Quiero llamarles la atención a la referencia a Hungría que se hace en el memorándum. Lansdale quiso establecer una analogía con la Revolución Húngara de octubre de 1956. En ese año, trabajadores armados se habían sublevado en Hungría contra el brutal régimen estalinista y establecido consejos revolucionarios, antes de que fueran aplastados por tanques soviéticos semanas más tarde.

Sin embargo, este memorándum sobre la Operación Mangosta es otro ejemplo de cómo los gobernantes norteamericanos se dejan engañar por su propia ideología. Porque la revolución socialista cubana no es una variante de un régimen estalinista, uno que quizás al inicio cuente con un apoyo popular más amplio, pero que fundamentalmente es ajeno al pueblo trabajador. Al contrario, el gobierno revolucionario en Cuba —un régimen de trabajadores y campesinos, la dictadura del proletariado— es lo *opuesto* de los regímenes de una casta pequeñoburguesa privilegiada en Hungría, la Unión Soviética, China, Vietnam o en cualquier otra parte. De la misma forma en que el estalinismo no es una forma degenerada del bolchevismo, sino su negación: una corriente contrarrevolucionaria que surgió y se cristalizó en oposición mortal a la continuidad de la trayectoria de Lenin y a sus cimientos internacionalistas proletarios.

Como se comprobó en Playa Girón, y de nuevo año y medio más tarde en octubre de 1962, los trabajadores y campesinos de Cuba no aguardaban el momento oportuno, no estaban a la espera de una fuerza externa para poder alzarse y derrocar un odiado gobierno seudosocialista. Más bien, en ambas ocasiones millones de ellos se movilizaron para defender su soberanía nacional, su revolución socialista y su liderazgo revolucionario.

Fidel Castro se ha referido al colapso de los regímenes hinchados en la Unión Soviética y Europa oriental como el "desmerengamiento". En Cuba no había un merengue al comienzo de los años 60. Tampoco lo hay hoy.

■

El prólogo de *Playa Girón* también explica cuán natural resulta el trabajo de masas para los militantes que no se han visto obligados a llevar, como resultado de un repliegue prolongado de la clase trabajadora, lo que Farrell Dobbs describiera en cierta ocasión como una existencia semisectaria.

Los jóvenes en la universidad de Carleton cuya historia durante la batalla de Girón se relata en el prólogo no habíamos recibido una formación política sistemática antes de nuestra actividad en 1960–61 en defensa de la Revolución Cubana. Algunos habíamos participado antes en actividades a favor de los derechos civiles, como líneas de piquetes en las tiendas Woolworth en apoyo a las actividades para eliminar la segregación racial en el Sur. En mi caso en particular, también había pagado mi dólar para unirme a la Alianza de la Juventud Socialista a mediados de mi último año de universidad, pero era el único miembro de la AJS en el recinto y mi militancia tuvo poco significado a nivel organizativo hasta que me gradué.

Como se explica en el prólogo, tuvimos suerte de que unos veteranos trabajadores-bolcheviques en las ciudades de Minneapolis y St. Paul mostraron un verdadero interés en nosotros. Varios de ellos tenían una experiencia considerable en batallas obreras, incluido V.R. Dunne, quien había sido un cuadro del movimiento comunista en Estados Unidos desde su fundación en 1919 y un dirigente de las batallas de los Teamsters en la década de 1930. Al igual que nosotros, eran partidarios resueltos de la Revolución Cubana y de su dirección, y se unían a las reuniones y mítines de protesta y utilizaban el *Militant* para ayudar a difundir la verdad entre sus compañeros de trabajo y otras personas. Esa colaboración política nos abrió panoramas totalmente nuevos.

Sin embargo, a pesar de nuestra inexperiencia, las actividades que realizábamos en Carleton, descritas en el prólogo, eran de muchas formas un modelo de trabajo de masas. Es probable que para ese entonces nunca hubiésemos escuchado esa expresión, pero era lo que estábamos haciendo. Era impulsado y dirigido políticamente, no organizativamente.

Y es algo de lo que aun hoy día pueden sacar lecciones tanto los cuadros en las ramas de distritos obreros y las fracciones sindicales del Partido Socialista de los Trabajadores, como los miembros de la Juventud Socialista.

Varios de los dirigentes de estas actividades en Carleton ya estábamos encaminados en el proceso de convertirnos en revolucionarios. Eso lo dábamos por sentado. Pero lo más importante era que trabajamos con empeño para colaborar con aquellos que aún no eran revolucionarios —algunos de los cuales nunca iban a llegar a ser revolucionarios, según sabíamos por lo que predecían las probabilidades— pero que por motivos propios se oponían a la agresión militar norteamericana contra una nación soberana. O que consideraban intolerable el hecho que la administración y el claustro de la universidad rehusaran otorgar el reconocimiento oficial a un capítulo universitario del Comité Pro Trato Justo a Cuba. O a quienes les indignaba que algunos reconocidos catedráticos liberales y "progresistas" ni siquiera se molestaran en asistir a la junta del claustro en que se abordaría la cuestión del reconocimiento, ya no se diga que votaran a su favor, por temor a que sus empleos estuvieran en juego. (Uno de los "progresistas" que había sido un amigo cercano y nos había alentado políticamente —me daba a leer viejos folletos de Engels, Plejánov y Stalin— nos instó a que abandonáramos el esfuerzo del Comité Pro Trato Justo a Cuba y que en cambio "trabajáramos mediante" la pacifista Fraternidad de Reconciliación para lograr "los mismos objetivos". Ese consejo, y nuestra decisión consciente de rechazarlo, fue también una valiosa lección de toda la vida para algunos de nosotros.)

Al desarrollar el Comité Pro Trato Justo a Cuba en el recinto universitario, siempre fuimos francos con todos con quienes trabajamos. Decíamos quiénes éramos, y nunca manipulábamos a nadie. Actuamos en base al entendimiento —aun si todavía no habíamos interiorizado todas sus implicaciones políticas— que los hábitos de lealtad y honradez son los cimientos de cualquier trabajo de masas eficaz. A su vez, hacerlo ayudó a prepararnos para que luego comprendiéramos más a fondo por qué tales hábitos son requisitos no solo para la solidaridad de clase y el sindicalismo más elementales, sino para el centralismo revolucionario que es esencial para la formación de combate más avanzada de la clase trabajadora, un partido comunista.

Nunca abrigamos la ilusión de que pudiéramos fortalecer nuestras filas, o captar a aquellos que aún no estaban convencidos, intentando silenciar o suprimir de alguna forma las opiniones de quienes apoyaban el curso del gobierno norteamericano o que eran abiertamente derechistas. Los debatíamos políticamente, desenmascarábamos sus mentiras y refutábamos sus argumentos. Y nunca les permitimos que establecieran el curso del debate.

De eso se trataba la "guerra de los tableros informativos" que se describe en el prólogo. Por eso lanzamos el programa de oradores Challenge [Desafío]: para ampliar la gama de perspectivas disponibles, incluso perspectivas bastante controvertidas, y aumentar así la receptividad al debate. Ellos tenían que reaccionar a los oradores que nosotros escogíamos. Fue una forma de introducir un poco de vida política a la universidad. Ayudó a vincular a quienes participaban en actividades en apoyo a los derechos de los negros, o contra la caza de brujas del Comité de la Cámara de Representantes sobre Actividades Anti-Americanas (HUAC), en oposición a las políticas de armas nucleares de los regímenes imperialistas, contra la intervención militar norteamericana en Laos, y en apoyo a la Revolución Cubana.

Algunos estudiantes que en un principio no creían lo que decíamos sobre la campaña terrorista organizada por Washington contra el pueblo de Cuba, veían una foto o leían un artículo sobre la tortura y el asesinato de un alfabetizador voluntario, iban entonces a escuchar a un orador, participaban después en una conversación informal y con el tiempo cambiaban de parecer. El gran cambio, sin embargo, solo se dio con la victoria del pueblo trabajador cubano en Playa Girón. Antes de eso, en el trabajo de solidaridad con Cuba en Carleton habíamos estado activos menos de media docena, pero después de la victoria nuestras filas se ampliaron rápidamente, casi explosivamente, por varias semanas.

Tuvimos que aprender de las realidades contra las que todo mundo se topa cuando empieza a participar en el trabajo de masas. De repente, el debate universitario cortés fue sazonado con *red-baiting* y amenazas estilo macartista por parte del decoroso rector de la universidad. Unas semanas después, el día que se divulgaron los primeros cables con relatos triunfalistas de la invasión, en el comedor del dormitorio más grande irrumpieron los gritos de "¡Guerra! ¡Guerra! ¡Guerra!" Conforme aumentaba la importancia de lo que estaba en juego, se acentuaba también el proceso de decantación. Algunos que anteriormente no habían estado de nuestro lado pasaron por una transformación política profunda durante esas semanas de 1961 y emprendieron un trayecto de por vida que les condujo hacia el movimiento comunista. Otros, que habían estado de nuestro lado antes que se acentuara la presión, veían evaporarse cómodos futuros en la comunidad académica, y dieron la media vuelta.

Y descubrimos que, a la vez que teníamos que responder a los argumentos tanto de liberales como de conservadores, bajo condiciones ligeramente más agudas también teníamos que estar preparados para hacer algo más. Debíamos estar preparados a combatir matones derechistas para defender nuestro derecho de organizar una reunión o realizar una protesta pública. El ataque por parte de los reaccionarios Jóvenes Americanos Pro Libertad y otros contra un mitin de protesta en la Universidad de Minnesota (así como las protestas en varias otras ciudades y pueblos) también se describe en el prólogo.

Solo un año y medio después, en octubre de 1962, 22 estudiantes en la Universidad de Indiana en Bloomington que protestaban contra el bloqueo naval y las amenazas de invasión por parte de Washington contra Cuba, fueron agredidos físicamente por matones de entre una muchedumbre hostil de miles de estudiantes y vecinos del pueblo que ondeaban banderas. A tres miembros de la AJS que habían ayudado a organizar aquella actividad de solidaridad con Cuba les formularon cargos en mayo de 1963 bajo la Ley Contra el Comunismo de ese estado por congregarse para preconizar el derrocamiento del gobierno norteamericano y del Estado de Indiana, cargos que de ratificarse suponían condenas de uno a tres años de prisión.

El pretexto de la formulación de cargos fue la participación de los tres estudiantes en una reunión en el recinto en la que un dirigente de la AJS que era negro, y que realizaba una gira nacional de conferencias, describió la etapa en que se encontraba el movimiento por los derechos de los negros y se pronunció a favor del derecho de autodefensa frente al terror racista. La AJS publicó el texto completo de su charla en un folleto.

Un juez local en el condado de Monroe, Indiana, tomó la audaz decisión de declarar como inconstitucional la ley estatal e invalidó los cargos. Pero la Corte Suprema de Indiana respaldó la apelación de ese fallo por el fiscal y envió el caso de nuevo a juicio. Fue necesaria una campaña internacional de defensa de casi cuatro años antes de que obligáramos al condado de Monroe a que retirara las acusaciones caza brujas contra los estudiantes de Bloomington.

A través de todas estas experiencias, los veteranos comunistas que habíamos llegado a conocer en Minneapolis-St. Paul nos ayudaron a no perder de vista lo que había que hacer en Estados Unidos, para forjar un movimiento revolucionario *aquí*.

Varios estudiantes en Carleton, habíamos pasado un tiempo en Cuba en 1960, y un par de nosotros habíamos estado allí el tiempo suficiente como para trabar amistad con algunos jóvenes milicianos y otros revolucionarios. Durante los días de la invasión de Bahía de Cochinos, cuando al hablar por teléfono con Ray Dunne, le hice un comentario un tanto ultraizquierdista e interesado, de que me sentía culpable por no estar ahí con ellos en Cuba, Ray respondió como compañero pero sin compasión: "No dudes de lo que la gente más allegada a ti en Cuba está haciendo", me dijo. "Están combatiendo. Y dan por sentado que estás haciendo lo mismo, donde sea que estés. Así que más vale que demuestres que tienen razón y dejes de alcahuetear tus emociones".

Fue una buena lección, y fue una lección perdurable. Si esa no hubiese llegado a ser nuestra actitud, en verdad jamás habríamos llegado a ser internacionalistas revolucionarios en la práctica. Y la declaración de Fidel que leí hace poco carecería de sentido para nosotros, más allá de ser una predicción ilusa . . . no un curso de acción para toda la vida.

El movimiento comunista en Estados Unidos atrajo hacia sus filas a jóvenes de disposición revolucionaria ante el impacto transformador de la Revolución Cubana. Solo en Carleton, en los años que siguieron, muchos estudiantes fueron reclutados a la Alianza de la Juventud Socialista, ya sea en el transcurso de las actividades que hemos descrito aquí o más tarde por esos jóvenes socialistas que participaron directamente en ellas. Una gran mayoría, cerca de una decena, o siguen activos en nuestro movimiento hasta el día de hoy, casi 40 años después, o se mantuvieron activos por el resto de sus vidas.

■

Hoy día nos encontramos en una coyuntura de cierto tipo en la política obrera en Estados Unidos.

Los trabajadores comunistas reconocimos hace varios años que el repliegue en que nuestra clase había estado por una década estaba tocando fondo, y que habíamos entrado a un período de renovada resistencia por parte de una vanguardia de trabajadores y agricultores. En lo fundamental, no se trata de que por primera vez en años estemos viendo unas cuantas victorias más en huelgas y en campañas de sindicalización, aunque sí las estamos viendo. Más bien, constatamos que incluso en las luchas aún más típicas que terminan en punto muerto con los patrones, vamos encontrando grupos de trabajadores que siguen dispuestos a luchar, que buscan cómo solidarizarse con otras luchas, que muestran una predisposición hacia ideas nuevas y radicales sobre las raíces de los problemas económicos y sociales que enfrenta el pueblo trabajador, hacia perspectivas cada vez más amplias sobre la solidaridad, y hacia una creciente confianza en su propia valía y la de sus compañeros de lucha.

El compás de las manifestaciones de este cambio marino en la lucha de clases, claro está, tiene sus altibajos. La resistencia se acelera y se amplía por un tiempo, y luego se enlentece. Los sindicatos, las únicas instituciones de masas del movimiento obrero norteamericano actual, se siguen debilitando. Las tradiciones que fomenta la cúpula sindical —que resultan tanto de su óptica y valores burgueses como de sus condiciones de vida pequeñoburguesas— la dejan totalmente desarmada ante lo que puede hacer erupción de un momento a otro bajo las actuales condiciones de crisis que plagan al capitalismo mundial. Sobre todo, no está preparada para las luchas que se vienen acumulando debajo de la superficie, por no decir que esa posibilidad la aterra. Y la cúpula sindical tampoco puede entender jamás las capacidades de las filas obreras. Ellos no corren hacia las filas; corren hacia el Partido Demócrata en pos de ayuda.

Durante la mayor parte de la última década, oíamos cómo la prensa burguesa y los políticos capitalistas hablaban cada vez más de la "nueva economía". Nos decían que la nueva época a la que había entrado el capitalismo se alimentaba del "milagro de la productividad" al que daban impulso las computadoras. Números crecientes de voceros burgueses llegaban al extremo de sugerir que las recesiones y los ciclos comerciales eran cosa del pasado.

Sin embargo, hoy día están surgiendo unos cuantos hechos más que confirman lo que los trabajadores comunistas hemos venido explicando durante todo este tiempo.

Primero, en la medida que durante la última década ha aumentado lo que la burguesía mide como productividad laboral —que está lejos de ser el tan cacareado "milagro"—, ésto no es producto ni de las computadoras ni de la Internet. Los patrones han aumentado sus márgenes de ganancias recortando los salarios reales y las prestaciones, acelerando la producción, prolongando la semana laboral, aumentando los trabajos temporales y de media jornada, y reduciendo los programas de seguro social financiados por el gobierno. Y debido a la maldirigencia del movimiento sindical, la clase patronal ha logrado salirse con la suya de forma considerable.

En segundo lugar, el prolongado ascenso en el ciclo comercial en la década de 1990 —y en base a las normas capitalistas fue prolongado, al durar casi 10 años— no se basó en una aceleración histórica en la inversión de capital para expandir la capacidad productiva. No se basó en la incorporación de más y más trabajadores a las plantas, minas y fábricas, y en el aumento masivo de la producción de bienes vendibles. O sea, no se basó en una expansión importante de la riqueza social. Al contrario, la prolongada recuperación en Estados Unidos fue el producto de acumular una enorme montaña de deudas y una gigantesca burbuja especulativa de "instrumentos de deuda" derivativos.

Por ejemplo, mientras que los precios de las acciones según el Promedio Industrial Dow Jones subieron en un 225 por ciento entre 1994 y su punto máximo en enero de 2000 (y eso es algo moderado si se compara al aumento de más del 500 por ciento durante el mismo período en el índice de acciones NASDAQ, dominado por empresas de alta tecnología), el Producto Interno Bruto de Estados Unidos aumentó solo un poco más del 25 por ciento y las ganancias empresariales alrededor del 65 por ciento. En realidad, mientras el valor bursátil total de todos los valores emitidos en Estados Unidos, calculado según el precio de sus acciones, nunca fue mucho más allá del 75 por ciento del PIB en el siglo XX (y eso solo sucedió en la víspera de la caída de la bolsa de 1929 que anunció la Gran Depresión), en los últimos años de la década de 1990 se disparó hasta alcanzar el 175 por ciento del PIB.

En lo que se refiere a los niveles de endeudamiento, la deuda empresarial explotó en la segunda mitad de la década de 1990. En parte fue impulsada por un torrente de fusiones multimillonarias que aumentan aún más y de forma sustancial la concentración de capital en Estados Unidos. Los niveles de endeudamiento sobrepasaron los alcanzados incluso durante el atracón de préstamos de los años ochenta, que a su vez ayudó a preparar el terreno para la caída de la bolsa de valores de 1987. Solo el año pasado, la deuda empresarial se disparó hasta cerca de medio billón de dólares.

Y las deudas personales subieron de forma vertiginosa a niveles récord, como nos consta concretamente a la mayoría a partir de las experiencias de nuestros compañeros de trabajo, familiares, amigos, y las cuentas de nuestras propias tarjetas de crédito.

El número de despidos también comenzó a aumentar rápidamente desde finales del año pasado. Sube también el número de trabajadores que solicita prestaciones por desempleo. La otra cara de la campaña de los patrones para mantener reducidas "existencias justo a tiempo" ha sido el aumento en la volatilidad de la demanda de mano de obra, incluido un crecimiento explosivo en el número de trabajos temporales, o lo que algunos redactores y economistas burgueses fríamente dan por llamar "mano de obra justo a tiempo".

Así es que a pesar del triunfalismo burgués de la década de 1990, se está confirmando la vulnerabilidad del capitalismo mundial a las sacudidas repentinas y desestabilizadoras. Un mayor deterioro de la crisis agrícola, una expansión de la crisis energética de California, la bancarrota de otro "fondo de cobertura" (*hedge fund*) de Wall Street plagado de deudas y que tenga aprisionado a un gran banco, un colapso financiero que comience en Argentina o en Indonesia, un bajón del valor del dólar, una racha de quiebras bancarias que resulten de estas u otras sacudidas: estos son solo algunos del sinnúmero de posibles acontecimientos que pueden sumir a los trabajadores y agricultores en Estados Unidos y otros países imperialistas en una crisis social y económica cada vez más profunda.

Por supuesto, por toda Africa y gran parte de América Latina y Asia, cientos de millones enfrentan ya un catastrófico descenso económico, que han enfrentado por casi dos décadas. Sin embargo, hasta en las áreas más devastadas del mundo semicolonial ha prosperado un número minúsculo de familias privilegiadas, lo mismo que una clase media más numerosa y grupos pequeños de trabajadores más acomodados y mejor conectados en diversos países. Es más, la crisis capitalista ha tenido efectos muy desiguales y polarizados, dando pie a la ilusión en ciertas partes de Latinoamérica y particularmente en Asia (los "Tigres") de que aún se pueden presentar solicitudes de ingreso al club de naciones capitalistas industrialmente avanzadas. Pero el funcionamiento del sistema de mercado y la estructura de clases que éste reproduce y refuerza implacablemente por todo el mundo, están confirmando una vez más lo que Lenin explicó a los trabajadores y agricultores la víspera de la Revolución Rusa en *El imperialismo: fase superior del capitalismo,* que para comienzos del siglo XX la puerta de ese club exclusivo la habían cerrado de un portazo y para siempre.

La actual cúpula del movimiento sindical en Estados Unidos trata de hacerse de la vista gorda ante estas realidades. Prepararse para la batalla significa que en algún momento uno podría tener que combatir, y es precisamente ésa la inquietante posibilidad que más temen los burócratas sindicales. No tienen la menor intención de hacerlo.

Sin embargo, la mezcla explosiva que se va acumulando en Estados Unidos se ve enriquecida por el cambio constante en la composición de la clase trabajadora en este país. La inmigración está cambiando la faz de la población trabajadora prácticamente en todos los países imperialistas excepto Japón. Pero en ningún lugar en grado similar a lo que sucede aquí. En ninguno.

Al buscar mano de obra barata, el capital financiero norteamericano continúa atrayendo a agricultores que por todo el Tercer Mundo son expulsados de sus tierras y quedan sin trabajo o medios para su sustento. Atrae a trabajadores decididos a aprovechar los salarios relativamente más altos que ofrece, para sostener a sus familias mientras que ellos se aseguran unos ahorros con qué superarse. En el último lustro, aproximadamente la mitad de todos los que emigraron a los países imperialistas vinieron a Estados Unidos, ¡la mitad! Los gobernantes norteamericanos saben que mientras un boom de largo plazo se sigue expandiendo, estas afluencias masivas de trabajadores son esenciales para el "milagro de la productividad" y la campaña en pos de ganancias que son cruciales para ampliar más aún la ventaja que tienen sobre sus rivales capitalistas en Alemania, Francia, Japón, así como en el resto de Europa y Asia.

Como resultado de esta inmigración, la ciudad de Nueva York ha crecido casi en un 10 por ciento en los últimos 10 años, y Chicago y varias ciudades más cuya población había declinado en el medio siglo que siguió a la Segunda Guerra Mundial, crecieron durante la década de 1990. Hasta las estadísticas oficiales del gobierno muestran hoy que cerca del 11 por ciento de la población norteamericana actual nació en el exterior, y el porcentaje de inmigrantes en la clase trabajadora es mucho más alto.

Al comienzo del siglo XXI, Estados Unidos es el único país en el mundo imperialista cuya tasa de crecimiento poblacional va en aumento, no en descenso; es también el país imperialista en que la mediana de la edad poblacional va subiendo más lentamente.

La clase trabajadora norteamericana se está volviendo *más joven*. Da placer pensar en las implicaciones a largo plazo que este hecho tiene para las posibilidades de transformar el movimiento obrero y construir un partido proletario revolucionario.

Hoy está cambiando lo que significa ser un "trabajador norteamericano". La experiencia y las tradiciones —así como la imagen— de la clase trabajadora y del movimiento obrero en Estados Unidos se ven enriquecidas por las diversas culturas y lecciones de luchas de los trabajadores y campesinos de América Latina y el Caribe, de Asia y Oceanía, de Africa, del Medio Oriente y de otras partes. A través de luchas comunes, y al reconocer cada vez más que la solidaridad es esencial, estos trabajadores están descubriendo formas de comunicarse entre sí. Están descubriendo formas de trabajar, y a menudo formas de luchar, hombro a hombro.

Lo más importante es el hecho que el movimiento comunista en Estados Unidos —a través de la mezcla de centros de trabajo y sindicatos donde encontramos empleo; a través de los distritos obreros donde ubicamos nuestros locales y librerías; a través de programas regulares y políticamente oportunos del Militant Labor Forum; a través de nuestros esfuerzos para producir y vender periódicos, libros y folletos tanto en inglés como en español, y en la medida de lo posible en francés— está empezando a descubrir más y más formas para que la actividad, la composición y dirección del partido revolucionario reflejen esta clase trabajadora norteamericana cambiante.

Algunos de ustedes recordarán que a finales de la década de 1980, los partidarios de la Pathfinder organizaron a artistas de todo el mundo para que pintaran un mural de seis pisos en una pared de su edificio. La pancarta que se extendía en la parte inferior del mural declaraba en inglés, español y francés: "For a world without borders. Por un mundo sin fronteras. Pour un monde sans frontières". Entre otras cosas, esa consigna se vinculaba a luchas en las que estábamos involucrados en aquel entonces para impedir que el gobierno norteamericano deportara a varios luchadores y los entregara a la policía en México, Irlanda del Norte y otros países. Y siempre señalamos que si bien es imposible lograr un mundo sin fronteras bajo el capitalismo, *la lucha para alcanzar esa meta* es una parte esencial de la movilización de fuerzas de clase necesarias para derrocar a ese brutal y opresivo sistema social en un país tras otro por todo el mundo.

Esta transformación de la clase trabajadora en Estados Unidos y en otros países imperialistas es *irreversible*. Los capitalistas los pueden halar hasta aquí, pero no los pueden echar a un paso ni remotamente comparable.

Trabajadores y agricultores sometidos a la esclavitud de las deudas en sus países de origen, tanto por sus explotadores nacionales como por el imperialismo, están llegando a este país a raudales para convertirse en esclavos asalariados. Para las familias dominantes norteamericanas, ese proceso constituye un motor cada vez más indispensable de la acumulación de capital. A medida que esas familias inflan más globos de "instrumentos de deudas" apalancados —y globos más grandes— a nivel mundial, con la esperanza de contrarrestar la sobreproducción capitalista y renovar los mercados mundiales, aquellos que son las principales víctimas del endeudamiento se unen a otros sepultureros del orden mundial imperialista, aquí mismo en su bastión más poderoso.

A los trabajadores con conciencia de clase estos cambios históricos nos llenan de regocijo. Nos regocija que estas brigadas de refuerzo vengan a brindarle ayuda a nuestra clase, renovando la heterogeneidad y riqueza del movimiento obrero. La histórica ola de inmigración transforma políticamente al movimiento proletario en Estados Unidos en algo que cada vez más se puede reconocer como la combativa vanguardia de masas de la clase que va a derrocar al capitalismo.

■

Las batallas en las que nosotros y otros trabajadores combatimos y vamos a combatir las están preparando sobre muchos frentes las acciones de la clase dominante.

Los trabajadores que hemos estudiado y asimilado algunas de las lecciones arduamente adquiridas por nuestra clase —quienes hemos comenzado a utilizar el arsenal político publicado y distribuido por la Pathfinder, el registro acumulado de más de 150 años de lucha en el mundo entero— podemos ayudar a otros trabajadores a comprender mejor la fuente de nuestra explotación y opresión. Podemos ayudar a que otros trabajadores y agricultores reconozcan que las condiciones que enfrentamos resultan de cómo *funciona* el capitalismo, y no de cómo a veces no funciona. Podemos ayudarles a ver que la causa de nuestros problemas no es uno u otro de los partidos de los patrones: los republicanos pero no los demócratas o viceversa. Tampoco son los maldirigentes sindicales, cuya trayectoria de colaboración de clases pone trabas a nuestra capacidad de luchar de forma eficaz y triunfar.

Nuestros enemigos de clase son los capitalistas. En las condiciones de "democracia" imperialista que han prevalecido en este país por más de un siglo, las ilusiones en el sistema bipartidista, siguen siendo el principal puntal político del dominio capitalista en Estados Unidos. Nosotros no tenemos intereses comunes con la clase patronal. Todo lo que tratan de decirnos sobre "nuestro país", "nuestro estilo de vida", "nuestro idioma", "nuestra industria", "nuestras fábricas", son mentiras. El centro de la mentira está en lo de "nuestro". Pretende desviarnos y dividirnos de aquellos con quienes *sí* tenemos intereses comunes: los trabajadores, los pequeños agricultores y el pueblo trabajador explotado de todos los países. Todos nosotros compartimos los mismos enemigos de clase: las clases dominantes imperialistas y los terratenientes y capitalistas nacionales dominados por el imperialismo en todo el mundo. Para el pueblo trabajador, esos son los únicos "nosotros" y "ellos" que tienen significado alguno.

Bill Clinton, el político a quien los liberales, sin perturbarse, a veces describen como el primer presidente negro, acaba de terminar su mandato. Desde el comienzo hace ocho años, los trabajadores comunistas insistimos que Clinton de ninguna manera era amigo de la clase trabajadora, y que iba a ser un presidente de guerras, un presidente de prisiones, un presidente de la pena de muerte, en resumen, un presidente, como los que le precedieron, cuya trayectoria nacional e internacional iba encaminada a defender los intereses de clase de las familias dominantes norteamericanas. Lo mismo puede decirse del sucesor de Clinton, George W. Bush, y del Congreso bipartidista, tanto antes como ahora.

Dado el dominio indiscutido que la clase capitalista ejerce sobre la política, los medios de comunicación masiva y la educación —junto a las perspectivas nacionalistas de América Primero de la cúpula sindical—, es muy fácil que los trabajadores y agricultores piensen y actúen completamente dentro del marco de las leyes, los veredictos judiciales y las órdenes ejecutivas de los partidos burgueses gemelos, los demócratas y los republicanos. Permítanme dar solo un ejemplo.

Ahora mismo uno no puede encender el televisor o leer un periódico sin verse bombardeado por la propuesta de Bush para reducir impuestos y las versiones modificadas de dicha propuesta promovidas por distintos congresistas demócratas y republicanos. Debido a los trámites burocráticos en que se ha enmarañado más y más el impuesto a los ingresos en los últimos 50 años —¡el manual de instrucciones para la más sencilla declaración de impuestos federales al ingreso, *la más sencilla*, tiene 33 páginas!— no sorprende que incluso unos cuantos trabajadores y agricultores se vean atraídos a la idea de un impuesto fijo *(flat tax)*.

Los trabajadores sabemos que las categorías impositivas para los ricos se establecen oficialmente con porcentajes más elevados. Pero también sabemos que la ley está diseñada intencionadamente para que se parezca a un trozo de queso suizo. Los contadores y abogados caros con mucho gusto ofrecen sus servicios a los acaudalados y aprovechan todos los escondrijos y protecciones impositivas que conscientemente están redactados en la letra menuda de los miles y miles de páginas del código de impuestos. El resultado, como lo sospechan millones de trabajadores, es que nadie que tenga capital paga impuestos a tasas que siquiera se aproximen a las tasas sobre las que leemos en la prensa capitalista o escuchamos por televisión. Muchos de ellos no pagan nada.

Farrell Dobbs nos enseñó que uno de los grandes crímenes de la cúpula sindical es su connivencia con la clase patronal al enredar a los trabajadores en trámites burocráticos, en vez de movilizar la fuerza de los sindicatos para defender los intereses de los trabajadores. Los niveles salariales, las horas y las condiciones conquistadas en la lucha se deben presentar de forma transparente y sencilla, decía Farrell. Ningún contrato digno de consideración debe tener más de una página, o a lo sumo dos páginas. Después hay que organizar a las filas para que hagan que se cumpla.

Es parecido con los impuestos. Cada vez que los políticos capitalistas empiezan a hablar de "reformas del impuesto al ingreso", los trabajadores saben que siempre terminan pagando los platos rotos. Así que la panacea burguesa de que todos debiéramos de llenar una simple tarjeta postal y pagar la misma tasa impositiva, ya sea que tengamos ingresos de 10 mil dólares o 10 mil millones —y sin deducciones o exenciones— suscita interés entre el pueblo trabajador. La simplificación y transparencia en sí la hace atractiva, aun si el pueblo trabajador paga la misma tasa que los más acomodados.

Desde luego, la ilusión consiste en que existe alguna manera —ya sea un "impuesto de tasa única" o alguna otra "reforma impositiva"— de hacer que los dueños del capital paguen sin arrebatarles el poder estatal con una revolución y establecer un gobierno de trabajadores y agricultores. A menos que se haga esto, los capitalistas siempre van a hallar la forma de hacer que los impuestos recaigan sobre nuestras espaldas.

Los trabajadores comunistas estamos a favor de un impuesto a los ingresos fuertemente progresivo o graduado, una posición que hemos mantenido desde que esa demanda apareciera por primera vez hace más de 150 años en el *Manifiesto comunista*. Sin embargo, bajo el capitalismo el concepto de un impuesto progresivo a los ingresos ha quedado tan desvirtuado que nadie —salvo un reducido número de trabajadores con conciencia de clase— recuerda que la demanda audaz y revolucionaria planteada por el movimiento obrero moderno en sus albores nunca suponía su aplicación a los salarios o a los modestos ingresos de los pequeños agricultores, pescadores u otros entre el pueblo trabajador. *Todo lo contrario.* El impuesto progresivo o graduado, según se plantea en el *Manifiesto comunista,* no es una carga a los salarios o sueldos sino una carga a los *ingresos* derivados de ganancias, dividendos, intereses o rentas, incluida esa porción de los inflados sueldos de abogados, contadores, supervisores y administradores. Los trabajadores y los pequeños agricultores, así como la mayoría de la "clase media", no iban a pagar impuestos; la "graduación" debía comenzar con el extremo inferior de la pequeña minoría que vivía de una manera totalmente diferente del proletariado a raíz de la explotación que realiza el capital del trabajo de la gran mayoría.

La realidad es que entre el momento en que se introdujo por primera vez el impuesto federal a los ingresos en 1913 y el comienzo de la Segunda Guerra Mundial, el 95 por ciento de la población en Estados Unidos no pagaba impuestos por ingresos, ¡el 95 por ciento! El pueblo trabajador estaba exento. Sin embargo, todo eso cambió casi de la noche a la mañana con las leyes propuestas al inicio de la guerra por la administración demócrata de Franklin Roosevelt y aprobadas por el voto bipartidista del Congreso. Para 1943, aparecía por primera vez en nuestros talones de salarios la deducción impositiva del ingreso —para financiar "nuestra" guerra—. Se vendió como una medida "temporal" de guerra, por supuesto. Pero como sucedió con tantas otras medidas "de tiempos de guerra", los gobernantes jamás volvieron la vista atrás.

Bajo el capitalismo el pueblo trabajador siempre parece enfrentar el dilema de escoger entre dos (o a veces más) candidatos burgueses, dos o más soluciones burguesas. El concepto del mal menor es lo que los gobernantes, respaldados por los farsantes del movimiento sindical y los maldirigentes de clase media en las organizaciones de derechos civiles y de la mujer, presentan como lo último en política.

Una alternativa proletaria a la de verse jalado entre opciones presentadas por los demócratas y los republicanos comienza, y solo puede comenzar, al luchar juntos los trabajadores para defender las condiciones y la solidaridad de la clase trabajadora y demás capas del pueblo trabajador ante el deterioro de las condiciones de vida y de trabajo, el desempleo que aumenta, el endeudamiento que se ahonda y el peligro omnipresente de devastadores estallidos de inflación o pánicos financieros. Comienza con los intentos de forjar sindicatos donde los trabajadores no tenemos protección colectiva y, donde ya estamos sindicalizados, de utilizar la fuerza sindical con más y más eficacia, para resistir la aceleración del ritmo de trabajo, hacer cumplir las normas de seguridad y combatir los ataques patronales contra nuestros salarios y jornadas de trabajo. Comienza con reivindicar y participar en todas las luchas progresistas de protesta social: por los derechos de los negros, por la legalización de los inmigrantes, por la emancipación de la mujer, contra las guerras imperialistas, contra la brutalidad policiaca, contra la expoliación capitalista de la tierra, las aguas y el aire del planeta.

Mediante luchas como estas, más y más trabajadores reconocerán la urgente necesidad de romper con los dos partidos imperialistas, los demócratas y republicanos, y de formar un partido obrero independiente basado en los sindicatos. Es por esa vía que los trabajadores de vanguardia pueden construir un movimiento revolucionario que dirigirá una lucha del pueblo trabajador y de nuestros aliados para quitarle el poder a la clase capitalista, establecer un gobierno de trabajadores y agricultores y unirnos a la lucha mundial por el socialismo.

■

Comenzamos el prólogo al nuevo libro de Pathfinder sobre Bahía de Cochinos con una declaración que, en una entrevista en 1997, hizo Enrique Carreras, un general de división de las Fuerzas Armadas Revolucionarias de Cuba, y quien como piloto de la fuerza aérea en 1961 hundió dos de los barcos de abastecimientos de los invasores y derribó dos de sus aviones. Carreras dice que la crisis "de los misiles" de octubre de 1962 fue una continuación de la derrota del imperialismo norteamericano en Playa Girón. "El revés que sufrieron en Girón los llevó a asumir el peligro de una guerra atómica", dice. "Girón es como una espina atravesada en la garganta, algo que ellos no aceptan todavía".

Carreras tiene razón. A pesar de lo rápido y lo contundente del triunfo cubano en Playa Girón, Fidel Castro destacó en su informe de abril de 1961 al pueblo cubano sobre la victoria que eso "no quiere decir, ni mucho menos, que el peligro haya pasado". Al contrario, dijo, "Nosotros creemos que el peligro ahora es grande; sobre todo, es grande el peligro de una agresión directa de los Estados Unidos".

Como hemos visto, la administración de Kennedy estaba organizando planes de invasión prácticamente al tiempo que Fidel hablaba, apenas unos días después de la victoria cubana de abril. Y en octubre de 1962, la administración consideró su descubrimiento de misiles nucleares en Cuba como la oportunidad de llevar a cabo esos planes.

¿Qué se los impidió?

¿Por qué, casi 40 años después, los gobernantes norteamericanos jamás han vuelto a intentar una invasión a Cuba?

Algunos de ustedes probablemente han visto la película *Trece días*. Por supuesto, no es exacta. La película es una apología de los hermanos Kennedy y una glorificación de la "democracia" norteamericana. Trata sobre los gobernantes imperialistas de este país y la rama ejecutiva de su gobierno. Es otra más de sus juergas propagandísticas sobre sí mismos, sobre su mundo, donde no figura el pueblo norteamericano.

Por ejemplo, una de las muchas cosas que no se ven ni se escuchan en la película es la "broma" de Robert F. Kennedy durante una de las reuniones en la Casa Blanca, donde funcionarios de la CIA mostraron fotos de los misiles y describieron su alcance. "¿Pueden dar en Oxford, Mississippi?" dijo el procurador general haciéndose el gracioso. Eso ha sido "depurado" en *Trece días*. Los dos hermanos Kennedy estaban hartos de que los presionaran los manifestantes pro derechos civiles para que enviaran alguaciles y soldados federales al Sur para hacer cumplir la eliminación de la segregación. Los acababan de obligar a hacer eso unas semanas antes, cuando a James Meredith, un hombre negro, se le había negado el ingreso a la Universidad de Mississippi en Oxford.

Esa era la actitud de los hermanos Kennedy hacia el movimiento pro derechos civiles. Una causa justa a la larga, quizás, pero una tremenda lata. ¿Los misiles pueden dar en Oxford, Mississippi?

Sin embargo, aun antes de ir a ver *Trece días,* una de las críticas que aparecían en la mayoría de reseñas que había leído me puso a pensar, desde un ángulo ligeramente distinto, sobre las cuestiones que estamos discutiendo. Los críticos enfocan el hecho que la película pinta una afinidad casi familiar entre John y Robert Kennedy y Kenneth O'Donnell: "Nuestra banda de tres hermanos".

El verdadero O'Donnell, a diferencia del personaje de la película, según dicen los críticos, era simplemente el secretario de agenda de la Casa Blanca. Era un viejo amigo universitario de Robert Kennedy y compinche político demócrata de Massachusetts: parte de la "mafia irlandesa". Nunca estuvo presente en reuniones de alto nivel de la Casa Blanca donde los funcionarios del Pentágono, de la CIA, del Departamento de Defensa y del Consejo de Seguridad Nacional asesoraban a Kennedy sobre qué hacer acerca de los misiles. (El hijo de O'Donnell puso mucha de la plata para la filmación, ¡quizás los críticos aquí sí anden tras la pista!)

Pero no entienden de qué se trata el asunto. La decisión de Kennedy, en el transcurso de esos 13 días, de abandonar su empeño inicial de invadir a Cuba fue una decisión *política,* y O'Donnell era el asesor político de más confianza de los hermanos Kennedy. Fue una decisión que la administración demócrata tomó basada en su juicio sobre las consecuencias políticas internas, entre la población de Estados Unidos. Es posible que O'Donnell no haya tenido tanto que ver con esta decisión como sugiere la película. Pero sí fue una decisión política. Y a pesar de las tergiversaciones que pueda contener el guión, el O'Donnell ficticio —como el de la vida real, el organizador político de la imagen de Kennedy y de su campaña electoral permanente— sirve para destacar esa realidad política.

Hay una escena magnífica donde John F. Kennedy se reúne

en la Oficina Oval con los miembros del Estado Mayor Conjunto. Entre ellos está Curtis LeMay, jefe de la Fuerza Aérea, quien hace las del "Doctor Strangelove" en la película; unos años más tarde, en 1968, LeMay se postuló para vicepresidente como compañero de fórmula de George Wallace, lo que pasó a ser el último esfuerzo de los partidarios declarados de la segregación racial Jim Crow en la política electoral nacional.

Kennedy les pide a los generales y almirantes que le den sus cálculos de si los misiles podrían ser destruidos recurriendo únicamente a ataques aéreos norteamericanos. Después de un par de respuestas evasivas de otros oficiales, LeMay se expresa con un entusiasmo agresivo, "¡Señor Presidente, le garantizo que podemos eliminar el 90 por ciento de esos misiles!" Por la cara que pone Kennedy, uno sabe lo que le está pasando por la mente: "¿Y qué del otro 10 por ciento? ¿En cuántas ciudades norteamericanas pueden caer antes que podamos hacer algo?" A partir de ese momento, no cabe duda de que, si va a darse una acción militar norteamericana contra Cuba, ha de incluir operativos terrestres —es decir, una invasión— para eliminar "el resto" de los misiles, el 10 por ciento.

Por lo menos esa parte señala un poco de la verdad. Los únicos planes que Kennedy contempló realmente para un ataque directo contra Cuba en octubre de 1962 giraron en torno a una invasión. Era la oportunidad que había estado aguardando desde su humillante derrota en Bahía de Cochinos. La película muestra a los reporteros que acosan a funcionarios de la administración acerca de los grandes movimientos y concentraciones de tropas en el Sur, una movilización militar demasiado grande para que pasara desapercibida.

Sin embargo, lo que la película no muestra es la reunión en la Casa Blanca del 26 de octubre, cuando el secretario de defensa Robert McNamara le dice a Kennedy que el Estado

Mayor Conjunto anticipa bajas muy elevadas en una invasión a Cuba. El Pentágono calculaba que las fuerzas estadounidenses sufrirían hasta 18 500 bajas durante solo los primeros 10 días de batalla. ¡Eso es más que el número de muertos y heridos durante los primeros cinco años de combate en la Guerra de Vietnam! Y los generales cubanos que entrevistamos para *Haciendo historia* afirmaron unánimemente que los cálculos del Pentágono eran muy, muy inferiores al verdadero número de bajas norteamericanas, si Washington hubiera intentado una invasión.

Una vez que Kennedy se enteró de los cálculos del Pentágono, entonces la invasión pasó a ser un problema diferente. Las consecuencias políticas de pérdidas tan asombrosas habrían sido enormes en Estados Unidos —las elecciones de noviembre "a mitad del mandato" nunca se les fueron de la mente durante toda la crisis— y Kennedy se echó atrás en sus planes.

Claro, lo poco que uno ve de eso en *Trece días* está inundado por la consabida sabiduría de todas las principales versiones tanto de los defensores del imperialismo norteamericano como del régimen estalinista en Moscú: de que los hermanos Kennedy amantes de la paz y Nikita Jruschov salvaron al mundo, actuando con sensatez, moderación y humildad católica.

De hecho, salvo por un par de escenas en que los artilleros antiaéreos disparan contra aviones estadounidenses en sobrevuelo, en *Trece días* la Revolución Cubana no existe para nada. Por ningún lado se ve a los trabajadores y campesinos cubanos, a los millones que estaban armados y movilizados.

Pero la verdad es lo contrario. Gracias a la voluntad revolucionaria de defender su país y su revolución socialista, esos trabajadores y agricultores fueron —y hoy día siguen siendo— los principales protagonistas en frenar la mano de Washington.

El Partido Socialista de los Trabajadores y la Alianza de la Juventud Socialista también estuvieron movilizados aquí en este país durante esas jornadas históricas. Una de mis presentaciones incluidas en *El desorden mundial del capitalismo* relata un poco de esa historia. La presentación se dio en noviembre de 1992, un mes después del 30 aniversario de la Crisis de Octubre, que había sido el tema de documentales por varias cadenas norteamericanas de televisión que contaron con un público muy amplio. Al ver todos estos documentales, a varios de nosotros nos llamó la atención una inexactitud extraña. Como se mencionó en esa presentación, "En cada uno de ellos se presentaba la situación de lo que estaba pasando en Estados Unidos [en octubre de 1962] como un caso de histeria masiva universal. Pero si uno vivió la crisis de los misiles como una persona política, como un revolucionario, sabe que eso no fue así".

Como miembro relativamente nuevo del PST y de la AJS en aquellos días, expliqué, "Yo sé por experiencia propia que hubo miles de personas en Estados Unidos que trabajamos las 24 horas del día para impedir que Washington invadiera a Cuba ... Pudimos apreciar que existía el espacio para hacer eso, y supimos aprovecharlo". Sin histeria, sin almacenar agua embotellada o comida enlatada, sino trabajo sereno y seguro. Y al hacer esto, los que éramos miembros del partido y de la AJS "logramos captar a varios luchadores jóvenes y nuevos al movimiento comunista, quienes fueron templados y adquirieron un mayor aguante al pasar esa prueba de fuego".

■

Es justo que este lanzamiento de *Playa Girón/Bahía de Cochinos: Primera derrota militar de Washington en América*, en el 40 aniversario de la victoria en Playa Girón y de la victoria de la campaña de alfabetización cubana, coincida aquí en Seattle con una reunión de trabajo de dos días de la dirección nacional de la Juventud Socialista. Los miembros de esa organización juvenil revolucionaria toman como guía el programa y las tradiciones del partido comunista en este país, el Partido Socialista de los Trabajadores. Y los trabajadores-bolcheviques en nuestro partido continúan buscando contactar, como iguales, a estas nuevas generaciones y ofreciéndoles la política comunista y la actividad común: así como hicieron los aguerridos trabajadores-bolcheviques en Minneapolis al entablar contacto con quienes por primera vez habíamos sacado conclusiones revolucionarias al comienzo de los años sesenta.

Y es también importante destacar que, al organizar esta celebración, contamos con la participación de miembros de nuestro movimiento de partidarios. Como voluntarios del Proyecto de Reimpresión de Pathfinder, asumieron responsabilidades decisivas durante el último mes para la producción de *Playa Girón/Bahía de Cochinos: Primera derrota militar de Washington en América*. Tradujeron materiales del español al inglés y del inglés al español; escanearon artículos y elementos para reproducirlos en el libro; prepararon los gráficos; y formatearon y corrigieron las páginas. Desde ciudades y pueblos a través de Estados Unidos y por todo el mundo, unos 200 partidarios ahora están asumiendo la preparación digital de los nuevos títulos de Pathfinder, además del trabajo que han estado haciendo por más de dos años para ayudar a mantener impreso el arsenal entero del movimiento comunista de unos 350 títulos. Y se están sumando a los miembros del PST y de la JS en el esfuerzo por llevar estos títulos a los estantes de librerías, a otras tiendas y a bibliotecas públicas.

Estos libros y folletos revolucionarios —las lecciones aprendidas con lucha y sangre por los trabajadores de todo el mundo durante el último siglo y medio— le dan al movimiento comunista una tremenda palanca política. Con el cambio marino en la política obrera y el debilitamiento histórico del estalinismo a nivel mundial, podemos llevar ideas comunistas a individuos que están en pie de lucha en casi cualquier parte del mundo y tener una buena respuesta.

Esto es lo que está cambiando. Una capa de vanguardia de trabajadores y agricultores en este país están desarrollando confianza a partir de su experiencia común, y por lo tanto están más predispuestos a tomar en cuenta ideas radicales, incluso el programa y la estrategia del movimiento comunista moderno. Sépanlo o no, sus propias experiencias de vida y lucha los están acercando a las experiencias de los trabajadores y campesinos de Cuba revolucionaria.

A medida que números crecientes de trabajadores rechazamos en la práctica las cosas de las que los patrones por tanto tiempo han intentado convencernos —de que es inútil luchar, de que solo quedaremos debilitados y aplastados— más y más miembros de una fuerza laboral que está en proceso de transformación se verán inspirados por el ejemplo que los trabajadores y campesinos cubanos sentaron hace 40 años. Según lo plantea la contraportada del nuevo libro, nos enseñaron que "dotados de conciencia política, solidaridad de clase, valor indoblegable y una dirección revolucionaria que demuestra un impecable sentido del momento oportuno para actuar, es posible hacer frente a un poderío enorme y a probabilidades aparentemente irreversibles . . . *y vencer*".

Quienes han luchado por la Revolución Cubana, quienes la han defendido e impulsado por más de cuatro décadas, son trabajadores y trabajadoras comunes y corrientes. Asimismo, no tenían nada especial los jóvenes que en abril de 1961 en este país hicieron frente a la opinión pública burguesa y dijeron con valentía y confianza: "¡El pueblo cubano va a triunfar!"

Lo especial no es nunca el material humano, sino los tiempos en los que vivimos, nuestro estado de preparación, nuestra experiencia y confiabilidad al decir en público lo mismo que decimos entre nosotros, y nuestra capacidad de trabajar de forma indiferenciada —todos como trabajadores con conciencia de clase— con otros trabajadores y agricultores que avanzan en la misma dirección. Si hemos trabajado juntos de antemano para construir un partido obrero disciplinado y centralizado —con un programa y una estrategia que impulsan la marcha histórica de nuestra clase a nivel mundial— entonces estaremos listos para las nuevas oportunidades en la lucha de clases cuando estallen de maneras totalmente imprevistas. Estaremos preparados para construir un partido proletario de masas que pueda enfrentarse a los gobernantes capitalistas en una lucha revolucionaria y derrotarlos.

Esa es la lección más importante que cada uno de nosotros puede sacar. Esa es la razón para integrarse al movimiento comunista, para unirse a la Juventud Socialista y al Partido Socialista de los Trabajadores.

Lo que hemos estado discutiendo y celebrando aquí esta tarde nos debe hacer pensar un poco más a fondo acerca del significado político de las giras de conferencias en Estados Unidos de jóvenes cubanos que la Juventud Socialista y el Partido Socialista de los Trabajadores hemos ayudado a organizar durante la última década. Debe ayudarnos a sopesar la importancia del trabajo que hacemos junto a los revolucionarios cubanos para llegar a aquellos en cualquier parte del mundo que quieran construir un movimiento juvenil antiimperialista a nivel internacional: incluido nuestro esfuerzo este año para organizar una mayor participación en el Segundo Encuentro Juvenil Cuba-Estados Unidos a celebrarse en La Habana en julio, y después el XV Festival Mundial Juvenil en Argelia el mes siguiente.

Debe hacernos apreciar más plenamente lo que significa cuando trabajadores y agricultores de Estados Unidos visitan a Cuba, aprenden directamente de otros trabajadores acerca de la revolución, y después regresan para hablar acerca de las lecciones con trabajadores y agricultores en este país.

Debe hacernos comprender mejor lo que logramos al colaborar con otros para asegurar que Pathfinder tenga un stand en la Feria del Libro de La Habana todos los años, y al colaborar con revolucionarios en Cuba en torno a libros como *Che Guevara habla a la juventud* o el que estamos lanzando aquí hoy, y después hacerlos llegar a las manos del mayor número posible de trabajadores, agricultores y jóvenes en este país y dondequiera que podamos.

■

En el discurso de mayo de 1961 que citamos antes, Che Guevara señaló algo que sería muy útil para concluir. Cuando los trabajadores y campesinos en América Latina se enteraron de la invasión organizada por Washington en el curso del 17 de abril, dijo Che, respondieron con tremenda solidaridad pero también apesadumbrados. "Las protestas fueron enormes", dijo Che. "Las masas populares salieron a la calle. Pero muchos pensaron que se había acabado un bonito sueño de América, y que se estaba en el principio de otra triste etapa donde el imperialismo iba a hacer valer de nuevo toda su pujanza, su arrogancia de vencedor, todo ese poder que puede desatar sobre los pueblos . . ."

Pero unos días mas tarde, dijo Che, cuando "ya definitivamente se vio la victoria del pueblo, todo mundo en América ha visto con toda claridad que ha sido una gran derrota del imperialismo". Además, dijo, habían aprendido en la práctica que la solidaridad "no es cuestión solamente de manifestaciones de simpatía ni de tirar piedras frente a una embajada, sino cosas muchísimo más serias. Ya antes sabían los pueblos que se podía hacer una revolución y tomar el poder contra los servidores del imperialismo".

Che tiene razón. Después de esa victoria del pueblo cubano —la espina que sigue atravesada en la garganta del imperialismo hasta el día de hoy— ninguna reunión, ninguna manifestación, ningún trabajo conjunto de ningún tipo en defensa de la Revolución Cubana se ha realizado jamás con tristeza. Esas acciones se organizan con alegría, y con confianza en el futuro.

Y la mayor alegría surge de la confianza de que lo que Fidel Castro le dijo al mundo en marzo de 1961 no solo continúa siendo la línea de marcha del proletariado cuatro décadas más tarde, sino que ahora tiene menos obstáculos históricos en su camino: antes de que haya una contrarrevolución exitosa en Cuba, habrá una revolución socialista victoriosa en Estados Unidos.

Sí, aquí mismo.

Postfacio

La Revolución Cubana no estaba sola

POR MARY-ALICE WATERS

Yo fui una de aquellos estudiantes en la universidad de Carleton para quienes la victoria del pueblo cubano en Playa Girón fue todo un hito. La derrota del imperialismo norteamericano y la campaña de defensa de la Revolución Cubana por parte de los jóvenes socialistas descritos en el primer capítulo de este libro cambiaron el curso de mi vida. Antes de ese segundo año de universidad, yo prácticamente no tenía interés alguno en la política. Si los jóvenes de 18 años hubiéramos tenido el derecho al voto en las elecciones presidenciales norteamericanas de noviembre de 1960, yo probablemente habría votado por Richard Nixon. (La disminución de la edad para votar de 21 a 18 años fue una extensión del sufragio que los gobernantes norteamericanos concedieron solo una década más tarde, al tratar en vano de aplacar la creciente y masiva indignación entre los jóvenes que estaban siendo usados como carne de cañón en la guerra de Vietnam.)

Menos de seis meses después, para abril de 1961, orgullosamente me llamaba socialista, aunque entendía solo vagamente lo que eso podría ser.

En los meses antes de la invasión de Bahía de Cochinos,

Este es un fragmento del prefacio a la primera edición de *Cuba y la revolución norteamericana que viene*.

solo asistí a unos pocos eventos organizados por el programa Challenge (Desafío), patrocinado por el gobierno estudiantil, que describe Jack Barnes aquí en "1961: Año de la Educación". Me perdí, por ejemplo, el evento en que hablaron Robert Williams y Ed Shaw, dos organizadores nacionales del Comité Pro Trato Justo a Cuba. No recuerdo por qué, pero disfrutaba mis cursos de literatura inglesa y francesa, y los tomaba en serio, así que probablemente tenía que escribir un ensayo o prepararme para un examen. Pero al día siguiente, todos en la universidad estaban discutiendo ese mitin electrizante.

Tal como hacían otros 200 estudiantes en Carleton, yo seguía con avidez la guerra de propaganda política que se libraba en el tablero de anuncios en la Unión Estudiantil. Cada día leía los recortes de periódicos y revistas que fijaba el Comité Pro Trato Justo a Cuba como los que ponían los críticos o enemigos de la revolución.

Un partidario del Comité Pro Trato Justo, observando mi interés, me prestó su ejemplar de *Listen, Yankee (Escucha, yanqui)* de C. Wright Mills, que me devoré de un tirón. Ese librito en rústica escrito por un catedrático radical —de disposición socialista, ávido motociclista, propenso a los infartos y americano de pura cepa, quien se oponía intransigentemente a la política de Washington hacia Cuba— no solo fue mi introducción a la historia de la lucha anticolonial y antiimperialista de Cuba. También me abrió los ojos a la arrogancia y brutalidad del dominio imperialista norteamericano sobre América Latina. Comencé a pensar y a discutir con otros sobre lo que debíamos hacer los que en Estados Unidos nos oponíamos a esa realidad.

Al igual que millones de personas en Cuba, fui "fidelista" antes de ser "socialista". Los artilleros antiaéreos adolescentes en Cuba que se citan en un artículo de un número reciente del periódico *The Militant* lo describen a su manera. Tras escuchar el discurso de Fidel horas antes de que empezara la batalla de Playa Girón, cuando habló por primera vez del carácter socialista de la revolución en Cuba, ellos dijeron, "No conocíamos bien qué era el socialismo, pero alguien afirmó que si Fidel era socialista nosotros éramos socialistas también, y todos los presentes estuvimos de acuerdo con esto".

La noche del 19 de abril de 1961, mientras se corría la voz en el recinto sobre la aplastante derrota de Washington en *Cochinos Bay*, me uní a la celebración de nuestra victoria y, a partir de entonces, jamás volví la vista atrás.

En el mundo de principios de los 60, la Revolución Cubana que se iba profundizando no era un acontecimiento aislado. Había otras luchas antiimperialistas poderosas que también avanzaban, desde Indochina hasta el Congo y Panamá. Las batallas de masas que se libraban en Estados Unidos para tumbar el sistema Jim Crow de segregación racial eran una parte integral de estas luchas internacionales y, a la vez, sacaban fuerzas de ellas. Había también nuevos indicios de efervescencia entre los mexicano-americanos y los chicanos. Y en mi caso fue la revolución argelina la que tuvo el impacto más profundo.

Unos meses después de Bahía de Cochinos, salí rumbo a Francia, en un programa para estudiar el penúltimo año universitario en el exterior. La lucha independentista argelina, por la cual cerca de un millón de argelinos habían pagado con sangre, se aproximaba rápidamente a la victoria. La gran representación cinematográfica de esta lucha, *La batalla de Argel*, permite apreciar la valentía y resolución del pueblo argelino, así como la incalculable brutalidad de las fuerzas imperialistas francesas. Nadie se la debe perder.

En el otoño de 1961 y la primavera de 1962, París parecía una ciudad sitiada. Tras una intentona golpista, la Organización del Ejército Secreto (OAS), una agrupación fascista clandestina basada en el cuerpo de oficiales del ejército francés, había desatado en la capital una campaña de atentados dinamiteros y asesinatos con el fin de derrocar al gobierno francés antes que éste aceptara la derrota y otorgara la independencia argelina. En cada esquina había paracaidistas armados con ametralladoras haciendo guardia las 24 horas al día, y cada noche estallaban explosivos plásticos en buzones y otros sitios públicos por toda la ciudad.

En todas las facultades había una presencia activa de comités antifascistas estudiantiles. Me incorporé a las manifestaciones organizadas con regularidad para desafiar la prohibición de acciones callejeras. Al enfrentarse con la odiada policía especial, la CRS, eran inevitables las lesiones y arrestos. En febrero de 1962, ocho manifestantes murieron pisoteados y asfixiados cuando los que huían de un ataque de la CRS intentaron refugiarse en una estación abandonada del metro, cuya salida estaba cerrada. A los pocos días, más de un millón de personas se volcaron a las calles parisinas para sumarse al cortejo fúnebre rumbo al cementerio Père Lachaise, donde también yacen enterrados los mártires de la Comuna de París.

Aunque habría más bajas, la guerra había terminado. El pueblo de Argelia había triunfado. Pocos meses después se firmaron los acuerdos de Evian, en que se concedió a Argelia su independencia tras más de 130 años de dominio colonial francés. Al poco tiempo subió al poder un gobierno de trabajadores y campesinos, encabezado por el dirigente del Frente de Liberación Nacional, Ahmed Ben Bella.

Estas manifestaciones estudiantiles fueron mi primera experiencia directa con el terror de la brutalidad policiaca y la realidad de la violencia fascista. Fue una lección política que me dejó una impresión indeleble. Sin yo saberlo en ese entonces, los comités antifascistas de estudiantes, cuyas acciones en las calles de París fueron indispensables para la movilización de apoyo a la independencia argelina, estaban organizados por jóvenes en la dirección del ala izquierda de la Unión de Estudiantes Comunistas (UEC), quienes pronto serían mis propios camaradas. Poco después fueron expulsados de la UEC a insistencia de la dirección del Partido Comunista Francés, en parte por haber encabezado esas acciones, y fundaron la Juventud Comunista Revolucionaria, organización hermana de la Alianza de la Juventud Socialista. Llegué a conocerlos y a trabajar con ellos en los años anteriores y posteriores al estallido revolucionario de mayo y junio de 1968 en Francia.

Tan pronto volví a Carleton para mi último año, me afilié a la Alianza de la Juventud Socialista sin la menor duda de que era necesaria una organización comunista disciplinada para responder a condiciones similares a las que acaba de experimentar en Francia que seguramente produciría el capitalismo en Estados Unidos.

La lucha de liberación en Argelia tuvo un impacto entre capas de jóvenes y combatientes contra la opresión que fue mucho más allá, por supuesto, de Africa del norte y Francia. Entre ellos se encontraba Malcolm X. En un mitin del Militant Labor Forum celebrado en mayo de 1964 en Nueva York, Malcolm señaló que aunque apenas unos años antes Ben Bella había estado preso en las cárceles del imperialismo francés, "hoy tienen que negociar con él, porque él sabía que lo que sí tenía a su favor eran la verdad y el tiempo. El tiempo está a favor de los oprimidos hoy día, está contra el opresor. La verdad está a favor de los oprimidos hoy día, está contra el opresor". En los dos viajes que realizó en 1964 por Africa y el Medio Oriente, Malcolm fue a Argelia para reunirse con sus compañeros revolucionarios.

Entre las revoluciones argelina y cubana existían fuertes vínculos. En los años inmediatamente después de lograr su independencia de Francia hubo una estrecha y creciente colaboración entre La Habana y Argel para ayudar a luchas antiimperialistas desde el Congo hasta Argentina y la Sudáfrica del apartheid, y para derrotar los intentos del imperialismo de derrocar las propias revoluciones argelina y cubana.

En el otoño de 1962 Ben Bella llegó a Nueva York para dirigirse a la Asamblea General de Naciones Unidas con motivo del ingreso de Argelia a ese organismo en calidad de nación independiente. De allí Ben Bella viajó a Washington para una breve visita de estado con el presidente John F. Kennedy y después, a pesar de las amenazas abiertas de sus anfitriones, de forma demostrativa viajó directamente a La Habana, donde se reunió con sus compañeros de armas en la propia víspera de la crisis cubana "de los misiles". En un relato escrito 35 años más tarde, Ben Bella recuerda cómo llegó a La Habana el 16 de octubre, "en medio de escenas indescriptibles de entusiasmo popular" a favor de la revolución y de su solidaridad con Argelia.

La primera misión internacionalista en gran escala de voluntarios cubanos fue el envío de tanques y una columna de soldados al mando de Efigenio Ameijeiras, jefe del batallón de la Policía Nacional Revolucionaria que con tanta tenacidad había luchado en Playa Girón. Fueron a Argelia en octubre de 1963 para ayudar al gobierno revolucionario a rechazar una invasión de fuerzas marroquíes respaldada por Washington.

Al ser derrocado, en junio de 1965, el gobierno de trabajadores y campesinos dirigido por Ben Bella, al ser derrotadas las fuerzas antiimperialistas en el Congo posteriormente ese mismo año, y al retirarse del Congo los voluntarios internacionalistas cubanos encabezados por Che Guevara, llegó a su fin la época de ese tipo de colaboración revolucionaria estrecha entre La Habana y Argel.

POSTFACIO: CUBA NO ESTABA SOLA

∎

Han transcurrido más de 40 años desde la última revolución socialista victoriosa. Es mucho tiempo, no en cuanto a la escala histórica, sino en términos políticos. En el mundo se han dado muchos cambios.

No hay que ir muy lejos ni examinar muy a fondo, sin embargo, para ver dentro de Estados Unidos las fuerzas sociales que se ven impulsadas hacia la acción y que son capaces de transformarse a medida que llegan a comprender, a través de la lucha, que necesitamos el mismo tipo de revolución que los trabajadores y campesinos de Cuba llevaron a la victoria. Desde las calles de Cincinnati hasta las minas de carbón en la Nación Navajo en Nuevo México y Arizona, desde las cooperativas agropecuarias en el sur de Georgia hasta las granjas lecheras de Wisconsin, desde el puerto de Charleston hasta las empacadoras de carne de Omaha, desde los campos del Valle Imperial de California hasta los talleres de costura en Los Angeles y Nueva York, según se explica en las páginas de este libro, "una capa de vanguardia de trabajadores y agricultores en este país están desarrollando confianza a partir de su experiencia común, y por lo tanto están más predispuestos a tomar en cuenta ideas radicales, incluso el programa y la estrategia del movimiento comunista moderno. Sépanlo o no, sus propias experiencias de vida y lucha los están acercando a las experiencias de los trabajadores y campesinos de Cuba revolucionaria".

Esta no es una cuestión ideológica sino más bien práctica, una cuestión de integridad proletaria, de hábitos de disciplina, y de moral: de marxismo.

A esa línea de clase respondieron cientos de trabajadores y agricultores, y jóvenes en decenas de universidades en Estados Unidos, durante las recientes conferencias de dos dirigentes juveniles cubanos, Javier Dueñas y Yanelis Martínez. Durante su recorrido de un mes por Estados Unidos, que ocurrió mientras se preparaba el presente libro, hablaron de las oportunidades y los desafíos que enfrentan los trabajadores y jóvenes de la Cuba actual, respondieron a lo que vieron y aprendieron sobre la lucha de clases en Estados Unidos, y contestaron las preguntas que se les formularon dondequiera que visitaron, sobre el mundo y el futuro que nos aguarda a todos. Al pasar por estas experiencias, los dos jóvenes cubanos fueron enfocándose más y más hacia los trabajadores, agricultores y jóvenes comunes y corrientes que recién comienzan a cobrar conciencia política, tanto en Cuba como en Estados Unidos. Ante todo, destacaron la capacidad del pueblo trabajador, y de los jóvenes atraídos a sus luchas, de alcanzar el nivel necesario de conciencia política, disciplina, valentía y solidaridad de clase para poder tomar las riendas de su propio futuro. Es lo que ha hecho el pueblo cubano, el ejemplo que ha dado, durante los últimos cuarenta y tantos años.

"Lo especial no es nunca el material humano, sino los tiempos en los que vivimos", señala aquí Jack Barnes. Es "nuestro estado de preparación, nuestra experiencia y confiabilidad al decir en público lo mismo que decimos entre nosotros, y nuestra capacidad de trabajar de forma indiferenciada —todos como trabajadores con conciencia de clase— con otros trabajadores y agricultores que avanzan en la misma dirección. Si hemos trabajado juntos de antemano para construir un partido obrero disciplinado y centralizado —con un programa y una estrategia que impulsan la marcha histórica de nuestra clase a nivel mundial— entonces estaremos listos para las nuevas oportunidades en la lucha de clases cuando estallen de maneras totalmente imprevistas. Estaremos preparados para construir un partido proletario de masas que pueda enfrentarse a los gobernantes capitalistas en una lucha revolucionaria y derrotarlos. Esa es la lección más importante que cada uno de nosotros puede sacar" del ejemplo de la Revolución Cubana.

Si Washington aún tiene atravesada en la garganta la victoria del pueblo cubano en Playa Girón unos 40 años más tarde, no es por algo que sucedió hace mucho tiempo o a muchas millas de aquí. Es por el presente y el futuro aquí mismo en Estados Unidos, donde, como concluye Jack Barnes en el primer capítulo del libro, las capacidades políticas y el potencial revolucionario de los trabajadores y agricultores las descartan las fuerzas gobernantes "de forma tan rotunda como las descartaron en relación con las masas campesinas y proletarias de Cuba. Y de forma igualmente errada".

De eso trata *Cuba y la revolución norteamericana que viene*.

Mayo de 2001

Indice

Afganistán, 19
Agencia Central de Inteligencia
(CIA), 28
 y Bahía de Cochinos, 64–65,
 66–67, 68, 70–72
Alemania, 97
Alfabetización, campaña en
 Cuba, 17, 27, 40–41, 57–59, 74
 asesinato de voluntarios, 35,
 61, 89
Alianza de la Juventud Socialista
 (YSA), 52, 53, 121
 en Carleton, 15, 52, 53, 91
 y caso de Bloomington, 90–91
Ameijeiras, Efigenio, 122
Año de la Educación, 40–41, 58
Artime, Manuel, 68
Asesinato, intentos de, 52, 83, 84
Associated Press, 25–26, 27
Autodefensa obrera
 lucha negra y, 34, 46
 necesidad de, 41–42, 59

Bahía de Cochinos, invasión de,
 54–55
 acciones de protesta en
 Estados Unidos durante,
 26, 41–42, 48–49, 50–51
 bajas cubanas en, 71

Bahía de Cochinos, invasión de
 (continuación)
 y expectativas de gobernantes
 estadounidenses de
 levantamientos, 64, 66–67,
 68–69, 85
 fuerzas armadas
 norteamericanas y, 68–69,
 73, 77–78
 fuerzas derechistas en Estados
 Unidos durante, 40, 41–42,
 89–90
 incursiones aéreas
 organizadas por
 Washington, 72
 informes de prensa sobre, 25–26,
 28–29, 31, 40
 militarmente bien planeada,
 55, 64–66, 71
 planes y preparativos
 estratégicos
 estadounidenses, 27–28, 31
 polarización política en
 Estados Unidos durante,
 29, 40, 89–90
 como primera derrota militar
 de Washington en
 América, 27–28, 56
 protestas en América Latina, 114

Bahía de Cochinos, invasión de
    (continuación)
    razones de derrota
        norteamericana, 55–56, 62,
        65–66, 71–72, 81
    Ver también Brigada 2506;
        Playa Girón
"Balas de plata", 81–82
Bancos, crisis, 18, 95
Barnes, Jack, 9–10
    y AJS, 52–53, 86
    y Comité Pro Trato Justo a
        Cuba, 30, 31–45, 50–51, 82
    su visita a Cuba, 30, 49–50, 91
    y V.R. Dunne, 43–44, 86, 91
Batalla de Argel, 119
Batista, Fulgencio, 16, 27, 42, 80
Ben Bella, Ahmed, 121, 122
Bipartidismo, 19, 100, 101, 104
Bissell, Richard, 70–71, 72, 81,
    83–84
Bloomington, caso de defensa,
    90–91
Bolchevismo, 29, 81, 85
Bolsa de valores, 18, 94
Brigada 2506, 16, 27–28, 68–69
    armamento, 72–73
    su composición social, 28,
        65–66, 73
    pierde voluntad de pelear, 56, 73
    Ver también Bahía de Cochinos,
        invasión de
Bush, George W., 19, 101

Capital (Marx), 63–64
Capitalismo, 19, 100
    y competencia
        interimperialista, 19, 97
    su creciente vulnerabilidad,
        17–18, 93–95

Capitalismo *(continuación)*
    e inmigrantes, 19–20, 96–97, 99
    y mundo semicolonial, 19–20,
        95–96
    "nueva economía", 93–95
Carleton, universidad de
    Comité Pro Trato Justo a Cuba
        (FPCC) en, 15, 30–45, 118
    reclutamiento al movimiento
        comunista en, 52–53, 89,
        91–92, 121
    Ver también Challenge,
        programa de oradores
Carletonian, 33–36, 37
Carreras, Enrique, 25, 44, 105
Castro, Fidel, 21, 26, 55, 70
    y batalla de Bahía de Cochinos,
        58–59, 72–73, 77, 78
    sobre campaña de
        alfabetización, 57, 58–59
    sobre capacidades del pueblo
        trabajador, 58
    intentos de asesinato por
        Washington, 84
    y Malcolm X, 48
    sobre mercenarios de Bahía de
        Cochinos, 73, 74
    en Naciones Unidas, 36, 57
    sobre peligro de agresión
        norteamericana tras Bahía
        de Cochinos, 52, 105
    sobre razones para derrota de
        Washington, 55
    sobre revolución en Estados
        Unidos, 24, 44, 80, 82
    y socialismo, 119
    sobre Unión Soviética, 85
Castro, Raúl, 55
Caza de brujas. *Ver Red-baiting*
    anticomunista

INDICE

Centralismo revolucionario, 79–80, 88, 113, 124
Challenge, programa de oradores, 32–34, 88–89, 118
Che Guevara habla a la juventud, 59, 114
Chelstrom, John, 53
Chicanos, 61, 119
China, 21, 85
Ciclo comercial, 18, 93–94
Cinco Cubanos, 22–23
Clase capitalista en Estados Unidos
    su brutalidad, 43, 45, 46, 48, 60–61, 71, 118
    su carácter pragmático, 63
    su ceguera de clase, 55, 62–63, 64, 69, 71–72
    su ideología, 63–64, 70
    sin intereses comunes con, 100
    Ver también Estados Unidos, gobierno
Clase trabajadora cubana, 13–14, 27, 62, 66, 69, 70
Clase trabajadora en Estados Unidos
    su capacidad revolucionaria, 14, 20, 24, 56, 64, 92, 99, 124–25
    ejemplo de Cuba para, 24, 44, 54, 112, 114
    escalada de ataques contra, 17–18, 93
    fin de repliegue, 92
    impacto de trabajadores inmigrantes sobre, 19–20, 96–99
    y el mal menor, 104
    no es reaccionaria, 45
    receptividad a ideas revolucionarias, 92, 112
    resistencia creciente en, 19, 92

Clinton, Bill, 100–101
Comité de la Cámara sobre Actividades Anti-Americanas (HUAC), 33, 51
Comité Pro Trato Justo a Cuba (FPCC)
    nacional, 34, 48–49
    y PST, 34, 37–38, 51
    red-baiting anticomunista de, 36–37, 50–51
    en universidad de Carleton, 15, 30–45, 86–88
    tras victoria de Girón, 40, 41
Comunista, movimiento
    su continuidad, 81–82
    crecientes oportunidades para, 97–98, 112
    impacto de Cuba sobre, 29, 81
    Ver también Partido comunista; Partido Socialista de los Trabajadores (PST)
Congo, 119, 121, 122
Consejo Revolucionario Cubano, 25, 28, 68
Contratos sindicales, 102
Cultura, 58
    presunciones burguesas de, 63
    y trabajo, 60

Daily Worker, 49
Derecha estadounidense, 40, 41–42, 88, 89–90
Derechos civiles, movimiento pro. *Ver* Negros, lucha por sus derechos
Derechos democráticos, 19
    Ver también Red-baiting anticomunista
Desempleo, 95
Desorden mundial del capitalismo, El (Barnes), 110

Deuda, 18, 94–95
  del tercer mundo, 99
Disciplina revolucionaria, 58, 59,
  62, 76–80, 123, 124
Discriminación racial
  en Estados Unidos, 45–48, 61,
    106
  proscripción cubana de, 17,
    27, 74
Dobbs, Farrell
  sobre contratos sindicales,
    102
  y disciplina revolucionaria,
    78–79
  sobre existencia semisectaria, 86
Dodd, Thomas, 37
Dueñas, Javier, 124
Dunne, V.R., 43, 86, 91, 111

Eastland, James, 37
Echeverría, José Antonio, 80
Ejército Rebelde, 16, 31, 54, 73
Engels, Federico, 31, 82
Escambray, bandas
    contrarrevolucionarias en,
    66–67
Estados Unidos
  "justicia" en, 36, 61
  perspectivas de revolución en,
    20, 24, 43–44, 45–46, 53–54,
    80–82, 99, 123–24
  Ver también Clase capitalista
    en Estados Unidos; Clase
    trabajadora en Estados
    Unidos
Estados Unidos, gobierno
  su ceguera de clase, 21, 55,
    62–63, 64, 69
  su "guerra global contra el
    terrorismo", 19

Estados Unidos, gobierno
    (continuación)
  jamás podrá aceptar
    Revolución Cubana, 16–17,
    21, 25, 44, 52, 105
  y planes de invadir Cuba, 52,
    68–69, 83–84, 108–9
  sus políticas bipartidistas, 19,
    104
  terrorismo contra Cuba, 35, 52,
    60–61, 88–89
Estalinismo, 85, 112
  Cuba no es variante de, 66,
    84–85

Fascismo, 61, 119–20
Fernández, José Ramón, 54–55,
  60, 83
  y disciplina revolucionaria,
    76–78
  sobre táctica militar
    norteamericana, 55, 62,
    64–65, 71
Francia, 97, 119–21
Frente único, acciones de, 48–49,
  50
Fuerzas Armadas
  Revolucionarias, 66
Fusiones corporativas, 18, 94

Gilbert, Jim, 34–35
Gilman, Richard, 37–39
Girón: 40 Años Después,
  conferencia (La Habana), 16
González, Fernando, 22, 23
González, René, 22, 23
Greenagle, John, 42
Guerra Hispano-
  Norteamericana, 68
Guerrero, Antonio, 22, 23

Guevara, Ernesto Che, 55, 122
  sobre Bahía de Cochinos, 65–66, 71, 73
  sobre capacidad del pueblo trabajador, 58
  y Congreso Latinoamericano de Juventudes, 49–50
  sobre ejemplo de Cuba, 114–15
  sobre juventud, 59
  y Malcolm X, 48

Haciendo historia (Waters), 25, 82–83, 109
Hearst, William Randolph, 68
Hernández, Gerardo, 22

Ideología alemana, La (Marx y Engels), 31
Ideología burguesa, 63–64, 70
Imperialismo: fase superior del capitalismo, El (Lenin), 96
Impuestos, 101–4
Inmigrantes, trabajadores, 20, 61, 96–99, 104
Iraq, 19

Japón, 96
Jóvenes Americanos pro Libertad (YAF), 41, 42, 90
Jóvenes Socialistas, 87, 111, 113
Jruschov, Nikita, 109
Juventud: impacto de Revolución Cubana sobre, 14, 15, 29, 49–50, 52–54, 88–89, 91
Juventud comunista, 59, 110
Juventud Comunista Revolucionaria (JCR), 121

Kennedy, John F., 71, 122
  y Bahía de Cochinos, 27–28, 65, 67, 68–69, 70, 72

Kennedy, John F. *(continuación)*
  y crisis "de los misiles", 106–9
  y Operación Mangosta, 52, 83–84
Kennedy, Robert F., 71
  y crisis "de los misiles", 106–7
  y Operación Mangosta, 83–84
Ku Klux Klan, 46

Labañino, Ramón, 22–23
Lansdale, Gral. Edward, 83–84
Laos, 33, 88
Latinoamérica: e imperialismo norteamericano, 118
  lucha de clases se agudiza en, 24
  y Revolución Cubana, 17, 114–15
LeMay, Gral. Curtis, 108
Lenin, V.I., 80, 85
  sobre imperialismo, 68, 96
Liberales y liberalismo, 32, 35, 42–43, 89, 100
Listen, Yankee (*Escucha, yanqui*, Mills), 118

Maine, USS, 68
Malcolm X, 48, 121
Mal menor, política del, 104
Mangosta, Operación, 52, 83–84
Manifiesto comunista, El (Marx y Engels), 31, 103
Marruecos, 122
Martínez, Yanelis, 124
Marx, Carlos, 31, 49, 63–64, 82
McCarthy, Joseph, 38, 89
Meredith, James, 106
México, 20
Militant, periódico, 31, 32, 49, 62, 65, 86, 118

Miller, John, 36
Mills, C. Wright, 118
Miró Cardona, José, 28
"Misiles", crisis cubana, 105–10
   y Bahía de Cochinos, 25, 50–52
   planes norteamericanos de invasión durante, 69, 107–9
   PST durante, 110
Molina, Francisco, 35–36
Movimiento 26 de Julio, 16
   en Estados Unidos, 49
Mujer, en Cuba, 17, 60

Nacionalizaciones, en Cuba, 17, 27, 50
Negros en Estados Unidos
   lucha por derechos de, 15, 34, 45–48, 61, 86, 106
   y Revolución Cubana, 34, 45–48
Nixon, Richard, 38
Nuclear, armamento, 88
   Ver también "Misiles", crisis cubana

O'Donnell, Kenneth, 107
11 de septiembre (2001), ataques del, 19
Organización de Estados Americanos (OAS), 67
Organización del Ejército Secreto (OAS), 119–20
Organizaciones Comunistas o Subversivas, Lista del Procurador General, 38, 42–43

Partido comunista, 79, 88, 98, 113, 124
   Ver también Partido Socialista de los Trabajadores (PST)

Partido Comunista de Estados Unidos, 49, 51
Partido Comunista de Francia, 121
Partido Socialista de los Trabajadores (PST), 14, 34
   durante Bahía de Cochinos, 44, 69, 87
   durante crisis "de los misiles", 110
   su programa y tradiciones, 43, 111
   reclutamiento al, 53, 89, 91–92, 113
   red-baiting anticomunista del, 36–38, 51
   Ver también Comunista, movimiento; Partido comunista
Pathfinder, 100, 114
Pathfinder, Mural, 98
Playa Girón
   motivación de fuerzas revolucionarias en, 55–56, 61–62, 65–66, 74
   razones de victoria cubana en, 55–56, 61–62, 65–66, 71–73, 81
   Ver también Bahía de Cochinos, invasión
Policía, brutalidad de, 61, 120
Powell, Colin, 21
Productividad, 18, 93
Proyecto de Reimpresión de Pathfinder, 16, 111
Puertorriqueños, 61

Rebelión Teamster (Dobbs), 78
Red-baiting anticomunista, 33, 36–38, 50–51, 89

Reforma agraria en Cuba, 17, 26, 74
Revolución argelina, 119–22
Revolución Cubana
  y Argelia, 121–22
  su continuidad de liderazgo, 81
  defensa obrera de, 27, 61–62, 66, 69
  ejemplo que ofrece, 14, 17, 20–21, 23, 30–31, 44, 52, 54, 112, 113–14, 115, 125
  sus logros sociales, 26–27, 59–61, 74
  y movimiento comunista norteamericano, 29, 81
  se proclama socialista, 59
  y revolución norteamericana que viene, 13, 24, 44, 45–46, 51–52, 53, 56, 80–81
  terrorismo contra, 22, 35, 60–61, 88–89
Revolución húngara, 84–85
Revolución Rusa, 29, 81–82
Roa, Raúl, 31, 46
Roosevelt, Franklin, 38, 104
Rubinstein, Annette, 33
Rusia, 21
Rusk, Dean, 81

Salarios, 96
  recortes en, 18, 93
Salt of the Earth (Sal de la tierra), 33
Segunda declaración de La Habana, 17
Seguro social, 18, 93
Semana laboral, 18, 93
Semicolonial, mundo, 18, 95–96
Shaw, Ed, 34, 118
Sindicato de costura (ILGWU), 33

Sindicato Internacional de Trabajadores de Minas, Plantas y Fundiciones, 33
Sindicatos
  su cúpula, 92–93, 96, 100, 101, 102
  su debilitamiento, 92–93
  su transformación, 97–98, 99
Starr, Mark, 33

Tablero informativo, "guerra del", 32, 88–89, 118
Teamsters (Minneapolis), 43, 78
  y disciplina revolucionaria, 78–79
Terrorismo
  contra Cuba, 22, 35, 52, 60–61, 88–89
  "guerra global" de Washington contra, 19
Time, revista, 28–29
Trabajadores temporales, 18, 93, 95
  Ver también Inmigrantes
Trabajo de masas, 86–91
Trece días, 106–9
Trinidad, Plan, 66–67
Truman, Harry, 38

Unión de Estudiantes Comunistas (UEC), 121
Unión Soviética
  colapso de, 85
  y crisis de los "misiles", 109
  Ver también Rusia
United Press International (UPI), 40

Venezuela, 24
Vietnam, 21, 85

Vietnam *(continuación)*
   guerra de, 109
Vivienda
   en Cuba, 17
   en Estados Unidos, 18
Votar, edad para, 117

Wallace, George, 108
Waters, Mary-Alice, 10–11, 117–21
Williams, Robert F., 34, 46–48, 118

Zapata, Ciénaga de, 35, 67

CONTINUIDAD Y PROGRAMA COMUNISTA

¡Nuevo!
La lucha contra el odio antijudío y los pogromos en la época imperialista
Lo que está en juego para la clase trabajadora internacional
V.I. LENIN, LEÓN TROTSKY
FARRELL DOBBS, JAMES P. CANNON
JACK BARNES, DAVE PRINCE

El odio antijudío y los pogromos —como el que Hamás desató el 7 de octubre de 2023— hoy son parte de las permanentes convulsiones sociales y guerras de la época imperialista. Por eso, combatir el odio a los judíos es decisivo para la clase trabajadora y las naciones oprimidas de todo el mundo. Los autores responden a la pregunta primordial: *Qué hacer para ponerle fin* de una vez por todas. US$10. También en inglés y francés.

Ya superamos el punto más bajo de la resistencia del pueblo trabajador
El Partido Socialista de los Trabajadores mira hacia adelante
JACK BARNES, MARY-ALICE WATERS, STEVE CLARK

El orden global impuesto por Washington tras su victoria en la Segunda Guerra Mundial se está desmoronando. Se acabó el largo repliegue de la clase obrera y los sindicatos. Los patrones y su gobierno aumentan sus ataques a nuestros salarios, condiciones y derechos constitucionales. Este libro destaca las oportunidades para forjar un partido obrero de masas capaz de dirigir una lucha que ponga fin al dominio capitalista y abra paso a un futuro socialista para la humanidad. US$10. También en inglés y francés.

¿Son ricos porque son inteligentes?
Clase, privilegio y aprendizaje en el capitalismo
JACK BARNES

US$10. También en inglés, francés, persa, árabe y griego.

PATHFINDERPRESS.COM

LA REVOLUCIÓN CUBANA EN EL MUNDO

¡Nueva edición!
Che Guevara sobre economía y política en la transición al socialismo
CARLOS TABLADA

Es esencial que el pueblo trabajador tome el poder estatal, dijo Ernesto Che Guevara. "Después viene la segunda etapa, quizás más difícil que la anterior", la transición desde el capitalismo y sus valores despiadados hacia el socialismo. Esto incluye pasar del trabajo como condición obligatoria para la supervivencia, hacia el trabajo social voluntario a través del cual expresamos nuestra humanidad común. Incluye el discurso de Fidel Castro de 1987 "Las ideas del Che son de una vigencia absoluta". Nueva edición con selecciones ampliadas de los escritos de Guevara. US$17. También en inglés y próximamente en francés.

Haciendo historia
Entrevistas con cuatro generales de las Fuerzas Armadas Revolucionarias de Cuba
ENRIQUE CARRERAS, NÉSTOR LÓPEZ CUBA
JOSÉ RAMÓN FERNÁNDEZ, HARRY VILLEGAS

En los relatos de estos cuatro destacados generales cubanos, todos con casi medio siglo de actividad revolucionaria, vemos la dinámica de clase que ha definido nuestra época. Podemos entender cómo el pueblo de Cuba, al luchar para construir una nueva sociedad, ha mantenido a raya a Washington. Prefacio de Juan Almeida Bosque; introducción de Mary-Alice Waters. US$15. También en inglés y persa.

El socialismo y el hombre en Cuba
ERNESTO CHE GUEVARA, FIDEL CASTRO

"El hombre realmente alcanza su plena condición humana cuando produce sin la compulsión de la necesidad física de venderse como mercancía". —*Ernesto Che Guevara*, 1965. US$10. También en inglés, francés, persa y griego.

Playa Girón/Bahía de Cochinos
Primera derrota militar de Washington en América

FIDEL CASTRO
JOSÉ RAMÓN FERNÁNDEZ

En abril de 1961 las fuerzas armadas revolucionarias de Cuba derrotaron, en menos de 72 horas, una invasión de 1,500 mercenarios organizada por Washington. El pueblo cubano dio un ejemplo a los trabajadores, agricultores y jóvenes del mundo: de que, dotados de conciencia política, solidaridad de clase, valentía y una dirección revolucionaria, es posible enfrentar a un poder enorme y vencer. US$17. También en inglés.

Cuba y Angola: La guerra por la libertad
HARRY VILLEGAS ("POMBO")

Cuba y Angola
Luchando por la libertad de África y la nuestra

FIDEL CASTRO, RAÚL CASTRO
NELSON MANDELA

Dos libros que narran la historia del inédito aporte que Cuba hizo a la lucha para liberar a África del apartheid. Y de cómo, al hacerlo, la revolución socialista en Cuba se vio fortalecida. US$10 y US$12. También en inglés. *Cuba y Angola: La guerra por la libertad* está disponible en inglés, persa y griego.

La Primera y Segunda Declaración de La Habana

En ninguna parte se abordan con mayor franqueza y claridad los problemas de estrategia revolucionaria que hoy afrontan los hombres y mujeres en las primeras filas de luchas en América que en estos dos documentos de 1960 y 1962, aprobados en sendas asambleas de más de un millón de cubanos. Estas intransigentes condenas del saqueo imperialista y de "la explotación del hombre por el hombre" siguen vigentes como manifiestos de lucha revolucionaria del pueblo trabajador en todo el mundo. US$10. También en inglés, francés, persa, árabe y griego.

PATHFINDERPRESS.COM

LA EMANCIPACIÓN DE LA MUJER Y EL SOCIALISMO

Las mujeres en Cuba: Haciendo una revolución dentro de la revolución
VILMA ESPÍN
ASELA DE LOS SANTOS
YOLANDA FERRER

La integración de las mujeres a las filas y dirección de la Revolución Cubana fue parte inseparable de la trayectoria proletaria de esta desde el principio. Esta es la historia de esa revolución y cómo transformó a las mujeres y los hombres que la hicieron. US$17. También en inglés, persa y griego.

Los cosméticos, las modas y la explotación de la mujer
JOSEPH HANSEN, EVELYN REED
MARY-ALICE WATERS

Explica cómo los capitalistas refuerzan la posición de segunda clase de la mujer para extraer ganancias. De dónde proviene la opresión de la mujer. Y cómo la integración de millones de mujeres a la fuerza laboral fortalece la batalla por su emancipación. US$12. También en inglés, persa y griego.

La emancipación de la mujer y la lucha africana por la libertad
THOMAS SANKARA

"No existe una verdadera revolución social sin la liberación de la mujer", explica Sankara, dirigente central de la revolución de 1983–87 en Burkina Faso, en África occidental. US$5. También en inglés, francés y persa.

US$12 US$20

US$15

Tres libros para ser leídos juntos…

sobre la construcción de un partido que es proletario en su programa, composición y conducta. Que reconoce, con palabras y acciones, el hecho más revolucionario de esta época…

… que los trabajadores tenemos la capacidad de crear un mundo diferente cuando actuamos juntos para defender nuestros intereses, no los de la clase que se enriquece explotando nuestra mano de obra, ni los de aquellos que nos temen como "deplorables" o incluso "basura".

Al seguir un rumbo revolucionario hacia el poder obrero, vamos a transformarnos y descubrir nuestro valor propio. También en inglés, francés, persa y griego.

¡Oferta especial! Los tres por US$30

El viraje a la industria junto con *Los tribunos del pueblo y los sindicatos*   US$20

Cualquiera de estos dos libros junto con *Malcolm X, la liberación de los negros y el camino al poder obrero*   US$25

PATHFINDERPRESS.COM

MÁS LECTURA

**Puerto Rico:
La independencia
es una necesidad**
RAFAEL CANCEL MIRANDA

Este dirigente independentista puertorriqueño, uno de los cinco encarcelados por Washington por más de 25 años, hasta 1979, habla sobre la realidad brutal del coloniaje norteamericano, el ejemplo de la revolución socialista cubana y la lucha actual por la independencia. US$5. También en inglés y persa.

La última lucha de Lenin
Discursos y escritos, 1922–23
V.I. LENIN

En 1922 y 1923, V.I. Lenin, dirigente central de la primera revolución socialista, libró su última batalla política, lucha que tras su muerte se perdió. Lo que estaba en juego era si esa revolución, y el movimiento comunista internacional que ésta dirigía, mantendría el curso proletario que había llevado al poder a los trabajadores y campesinos en octubre de 1917. US$17. También en inglés, persa y griego.

50 años de operaciones encubiertas en EE.UU.
La policía política de Washington y la clase obrera norteamericana
LARRY SEIGLE, FARRELL DOBBS, STEVE CLARK

Cómo los trabajadores con conciencia de clase han luchado contra los esfuerzos por expandir el "estado de seguridad nacional" que es esencial para mantener el dominio capitalista. US$10. También en inglés y persa.

Las luchas del sindicato Teamsters
FARRELL DOBBS

Cuatro libros sobre las huelgas, luchas de sindicalización y campañas políticas que transformaron a los Teamsters en los años 30 en un combativo movimiento sindical industrial.

Farrell Dobbs fue organizador de estas batallas sindicales y dirigente del Partido Socialista de los Trabajadores.

Una herramienta para trabajadores que quieren usar la fuerza sindical en los centros laborales e impulsar la lucha por un partido obrero independiente. US$16 cada tomo, US$50 por los cuatro. También en inglés. *Rebelión Teamster* además existe en francés, persa y griego.

El historial antiobrero de los Clinton
Por qué Washington le teme al pueblo trabajador
JACK BARNES

Lo que el pueblo trabajador necesita saber sobre el curso, impulsado por el lucro, que han seguido los demócratas y republicanos por igual en los últimos 30 años. Y el despertar político de los trabajadores que buscan entender y resistir los ataques de los gobernantes capitalistas. US$10. También en inglés, francés, persa y griego.

El imperialismo norteamericano ha perdido la Guerra Fría
JACK BARNES

El colapso de los regímenes en la URSS y Europa Oriental, que falsamente se autodenominaban comunistas, no significó la derrota de los trabajadores y agricultores en esos países. En los actuales conflictos y guerras capitalistas, ellos se han sumado a trabajadores en otras partes del mundo en la lucha contra la explotación. En *Nueva Internacional* no. 5. US$14. También en inglés, francés, persa y griego.

PATHFINDERPRESS.COM

AMPLÍE SU BIBLIOTECA REVOLUCIONARIA

El trabajo, la naturaleza y la evolución de la humanidad
La visión larga de la historia

FEDERICO ENGELS, CARLOS MARX
GEORGE NOVACK
MARY-ALICE WATERS

Sin comprender que el trabajo social, al transformar la naturaleza, ha impulsado la evolución de la humanidad durante millones de años, los trabajadores no podremos ver más allá de la época capitalista de explotación de clases que deforma todas las relaciones, ideas y valores humanos. Solo la conquista revolucionaria del poder estatal por la clase trabajadora podrá abrir la puerta a un mundo libre de la explotación capitalista, degradación de la naturaleza, subyugación de la mujer, racismo y guerras. Un mundo basado en la solidaridad humana. Un mundo socialista. US$12. También en inglés y francés.

El Manifiesto Comunista
CARLOS MARX Y FEDERICO ENGELS

El comunismo, según explican los dirigentes fundadores del movimiento obrero revolucionario, no es un conjunto de ideas o "principios" preconcebidos sino el camino de la clase obrera hacia el poder, que surge de un "movimiento que se desarrolla ante nuestros ojos". US$5. También en inglés, francés, persa y árabe.

Malcolm X habla a la juventud

"La joven generación de blancos, negros, morenos y demás: ustedes viven en tiempos de revolución", dijo Malcolm X en diciembre de 1964. "Yo me sumaré a quien sea, no me importa de qué color seas, siempre que quieras cambiar la situación miserable que existe en este mundo". Cuatro charlas y entrevistas que Malcolm dio en los últimos meses de su vida. US$12. También en inglés, francés, persa y griego.

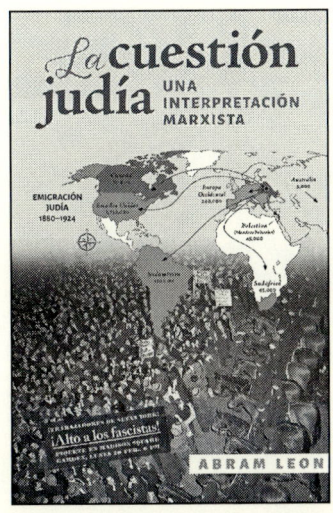

La cuestión judía
Una interpretación marxista
ABRAM LEON

La batalla contra las fuerzas reaccionarias que buscan exterminar a los judíos sigue siendo crucial en la política mundial, como lo demostró el pogromo genocida en octubre de 2023 en Israel. ¿Por qué sigue resurgiendo el odio antijudío? ¿Cuáles son sus raíces de clase? ¿Por qué, como explica Abram Leon, no hay solución "independientemente de la revolución proletaria mundial"? Con una traducción revisada, nueva introducción y 40 páginas de ilustraciones y mapas. US$17. También en inglés y francés.

El socialismo en el banquillo de los acusados
Testimonio en el juicio por sedición en Minneapolis
JAMES P. CANNON

El programa revolucionario de la clase trabajadora, presentado en respuesta a cargos fabricados de "conspiración sediciosa" en 1941, en vísperas del ingreso de Washington a la Segunda Guerra Mundial. Los acusados eran dirigentes del movimiento obrero en Minneapolis y del Partido Socialista de los Trabajadores. US$15. También en inglés, francés y persa.

Libros de Pathfinder **accesibles en formato e-book** para personas no videntes, de baja visión o con otros retos para leer libros impresos.

Para obtener una lista de libros disponibles, visite: pathfinderpress.com/collection/books-for-the-blind.

Para inscribirse, visite bookshare.org.

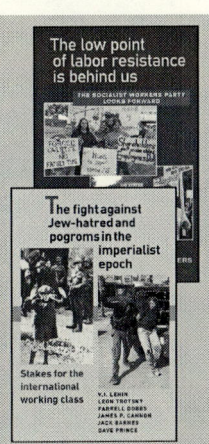

PATHFINDERPRESS.COM

PATHFINDER POR EL MUNDO

ESTADOS UNIDOS
(y América Latina, el Caribe y el este de Asia)
Pathfinder Books, 306 W. 37th St., 13th Floor
New York, NY 10018

CANADÁ
Pathfinder Books, 7107 St. Denis, Suite 204
Montreal, QC H2S 2S5

REINO UNIDO
(y Europa, África, el Medio Oriente y el sur de Asia)
Pathfinder Books, 5 Norman Rd.
Seven Sisters, London N15 4ND

AUSTRALIA
(y Nueva Zelanda, el sureste de Asia y Oceanía)
Pathfinder Books, Suite 2, First floor, 275 George St.
Liverpool, Sydney, NSW 2170
Dirección Postal: P.O. Box 73, Campsie, NSW 2194

ÚNASE AL CLUB DE LECTORES DE PATHFINDER
¡AMPLÍE SU BIBLIOTECA!

$10 POR AÑO
25% DESCUENTO PARA TODOS LOS TÍTULOS
30% DESCUENTO PARA LOS LIBROS DEL MES
Válido en pathfinderpress.com y los centros locales de libros Pathfinder

Visite: pathfinderpress.com/
products/pathfinder-readers-club

Pathfinder
pathfinderpress.com